Questo libro

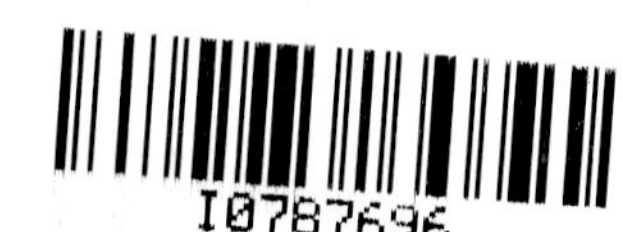

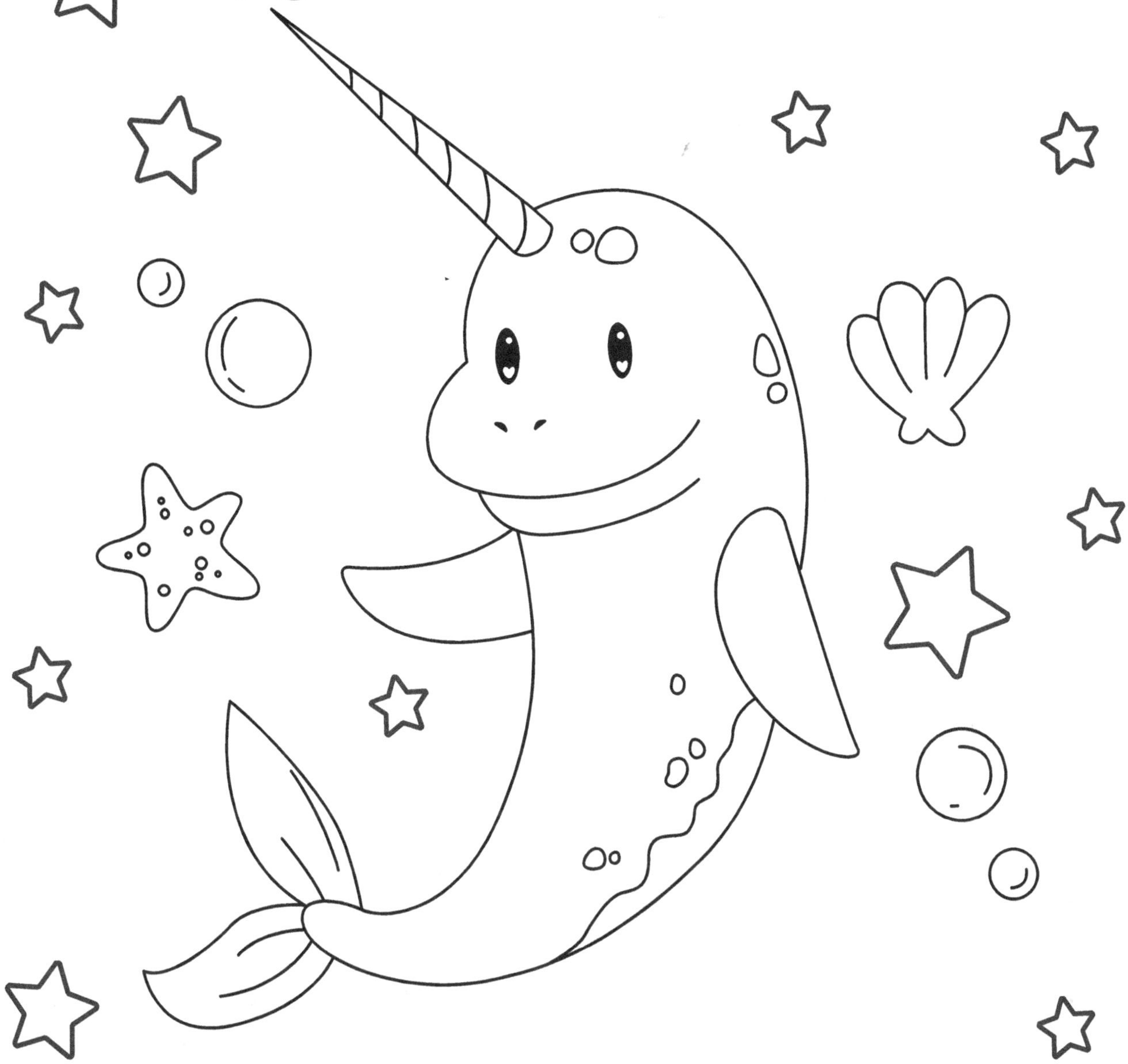

Appartiene a

....

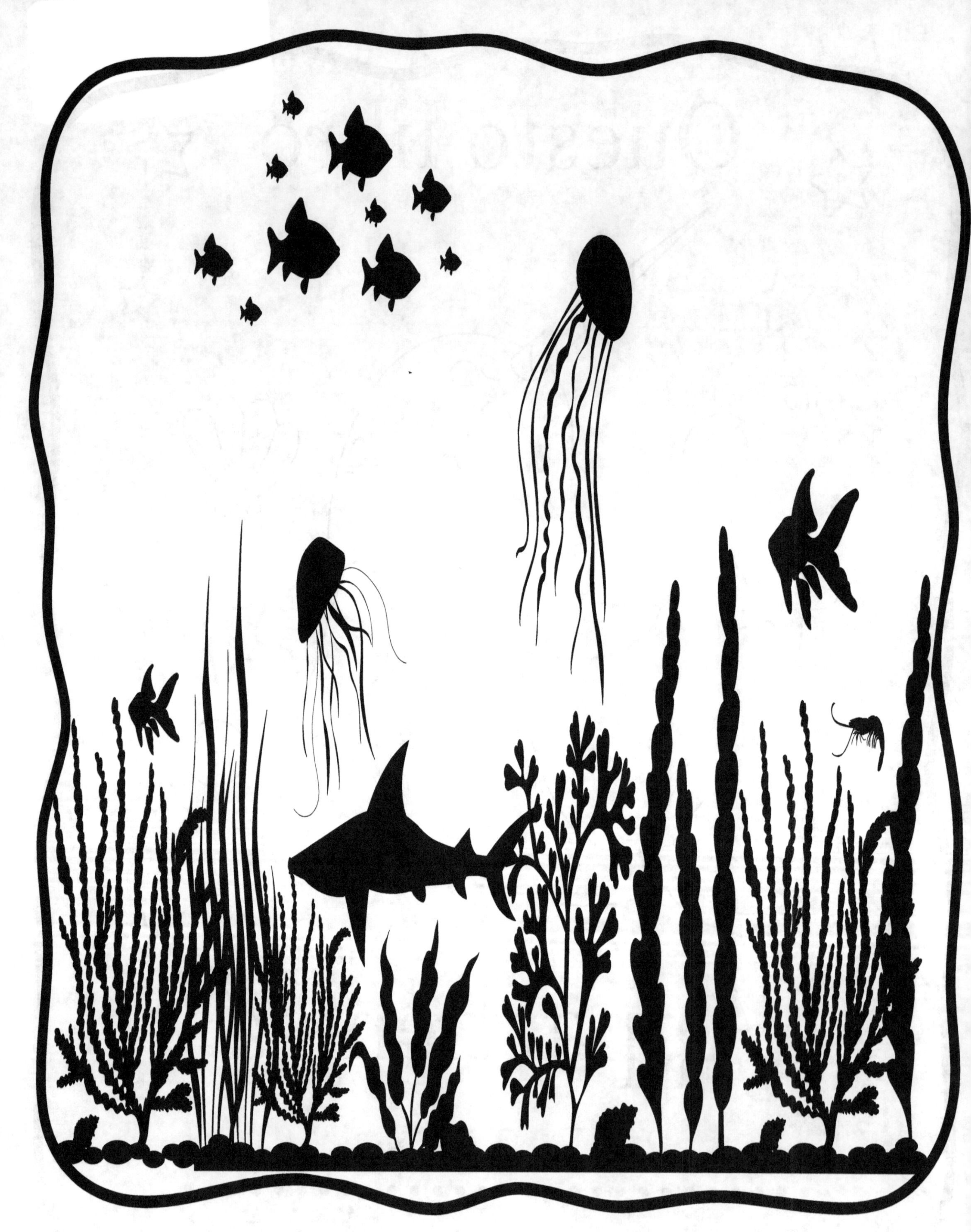

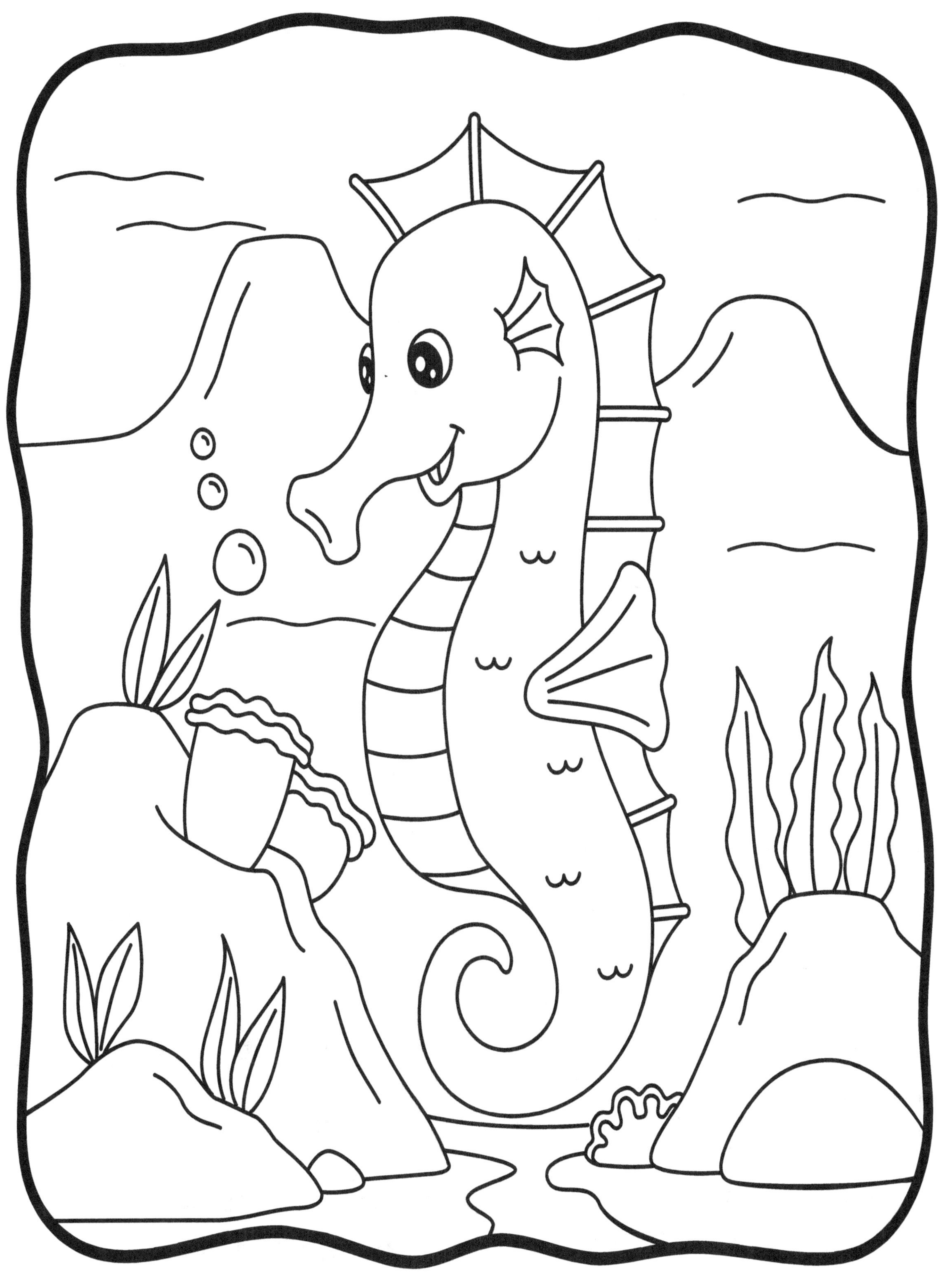

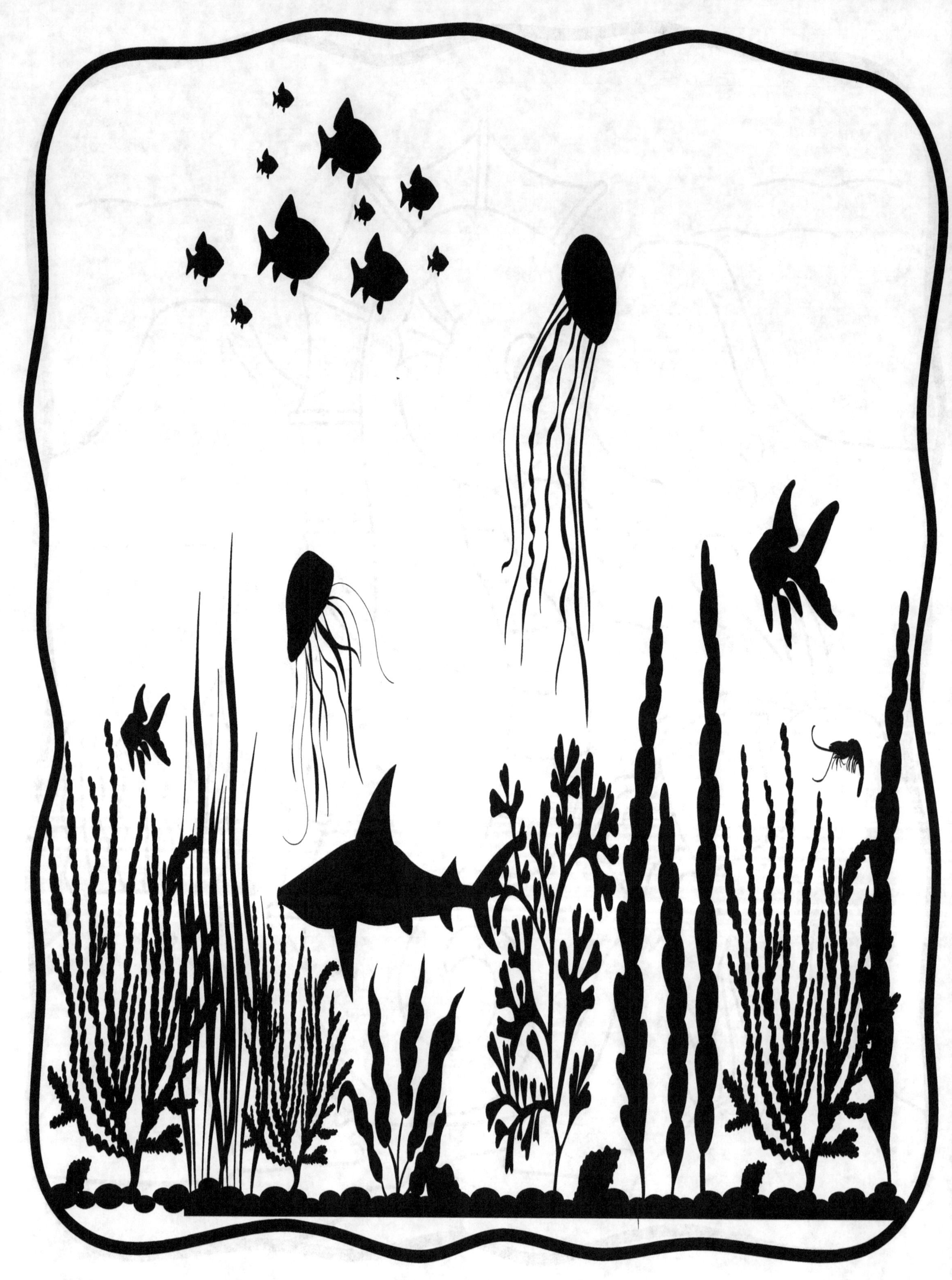

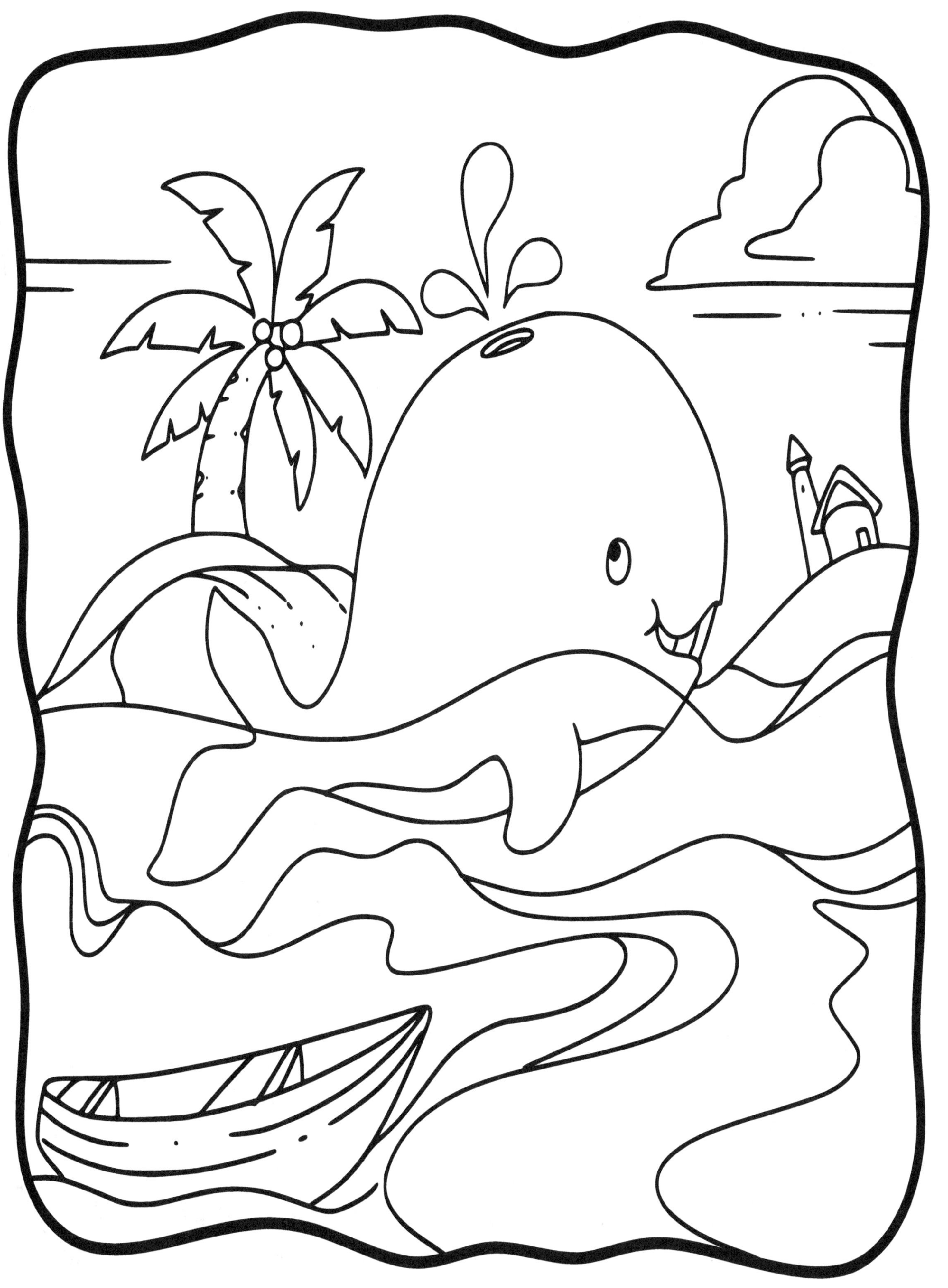

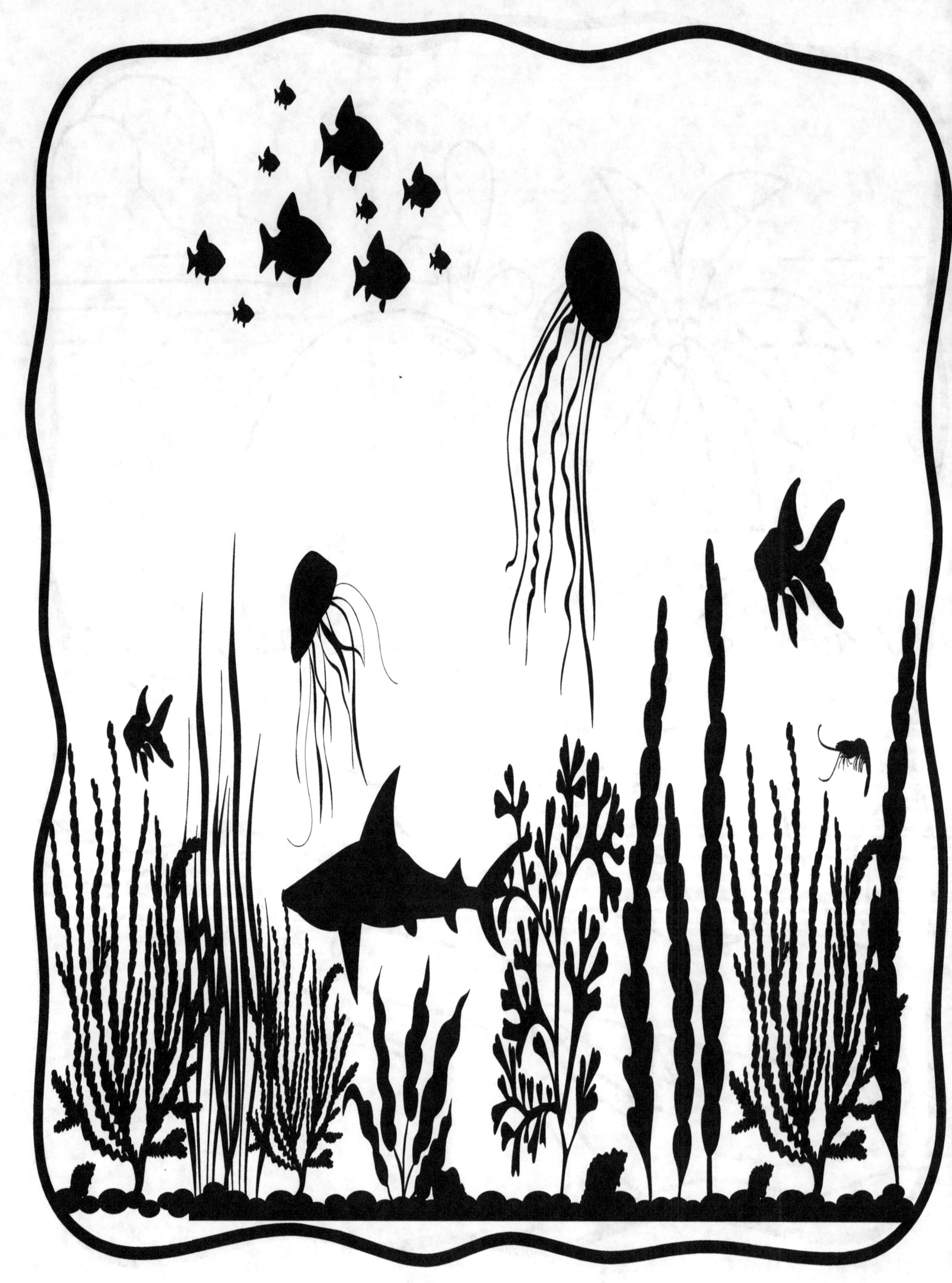

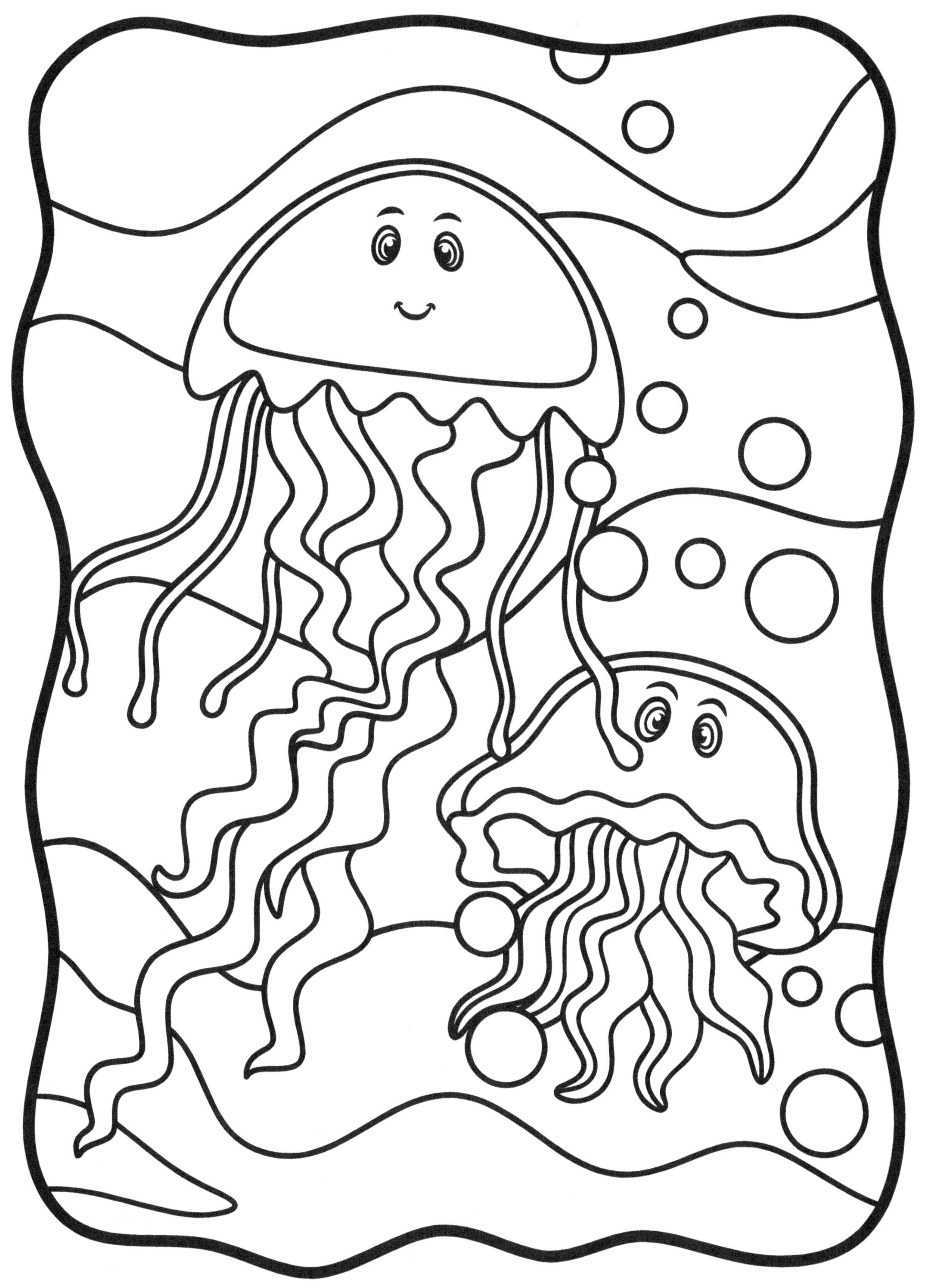

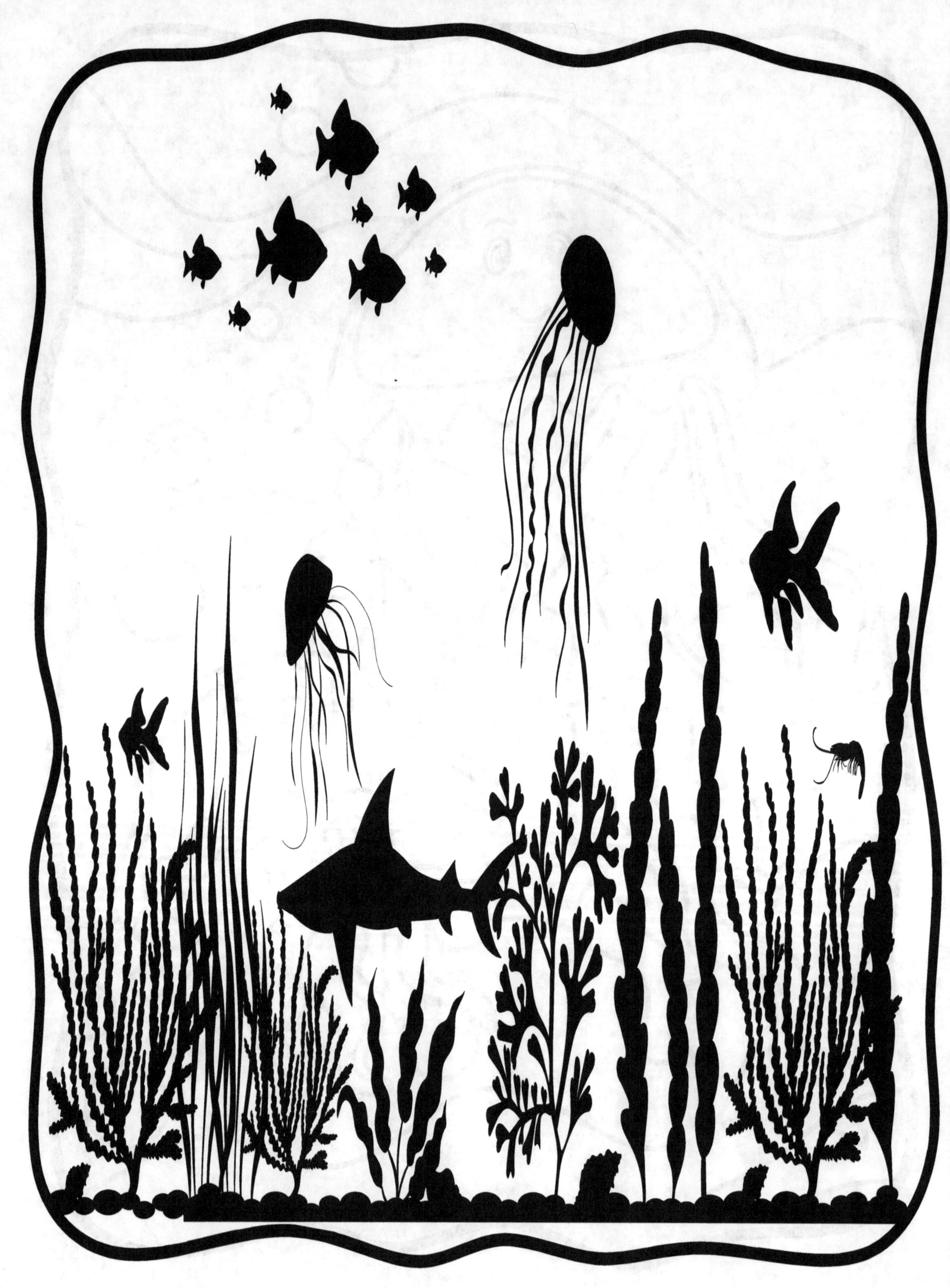

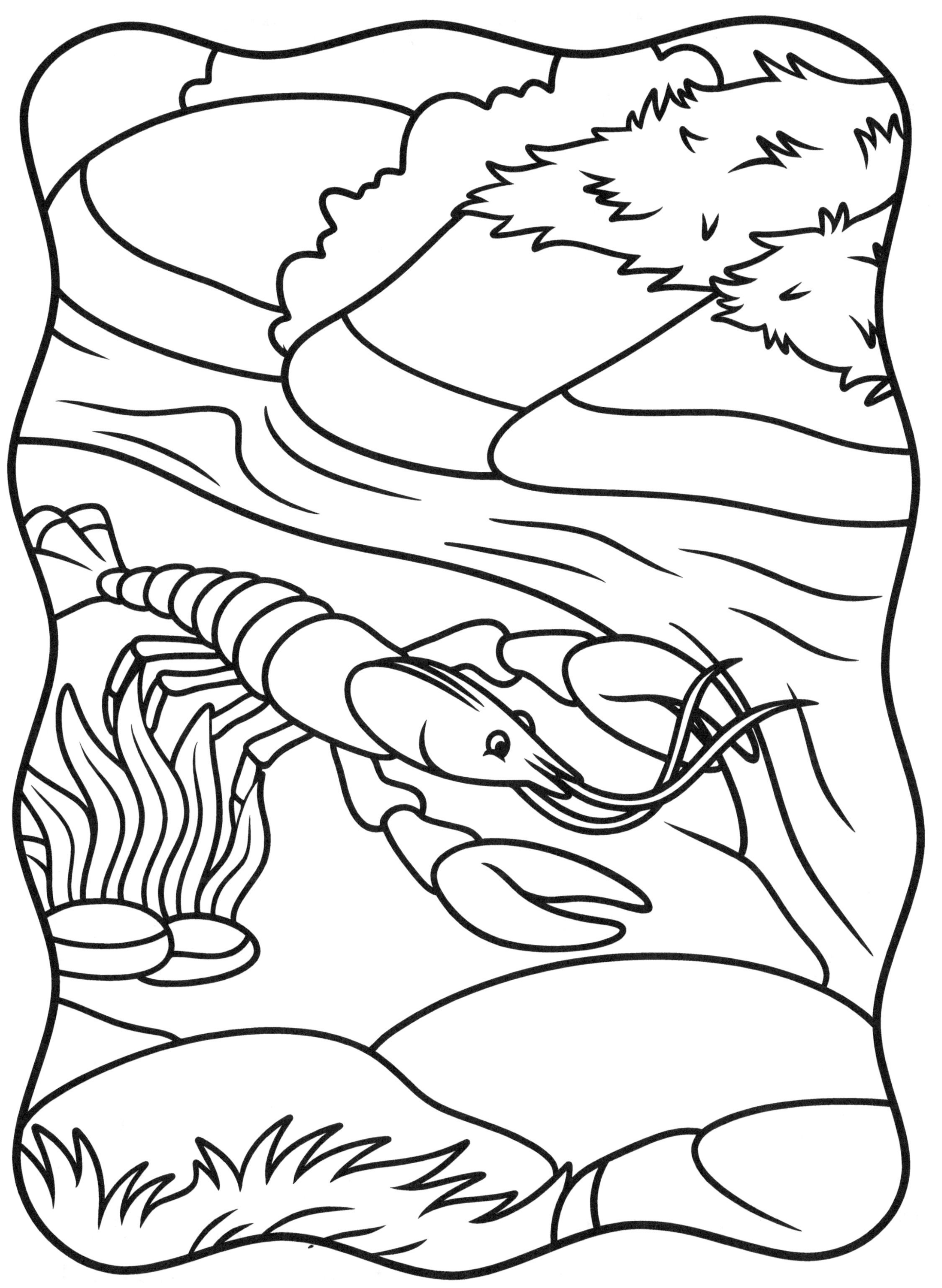

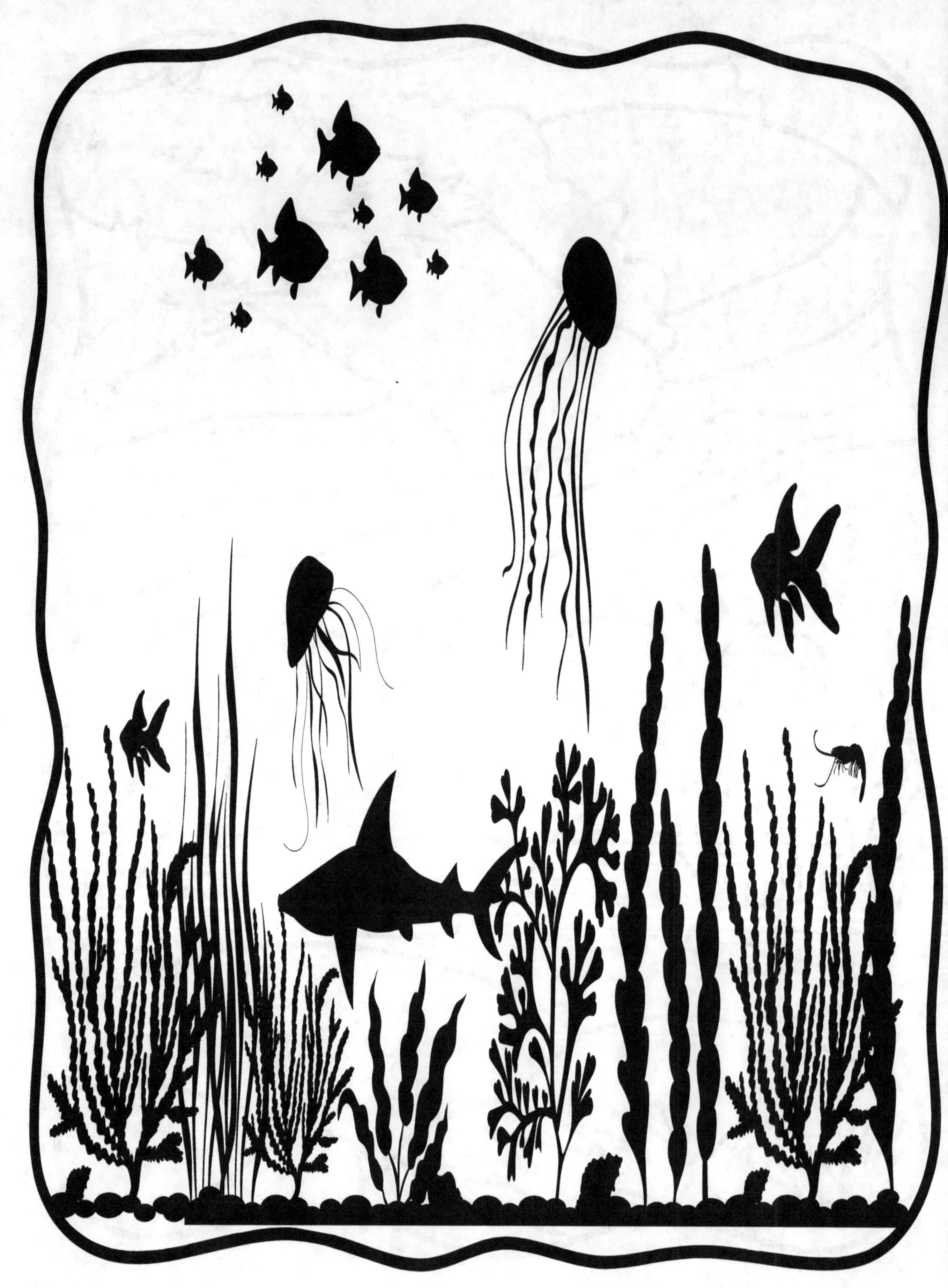

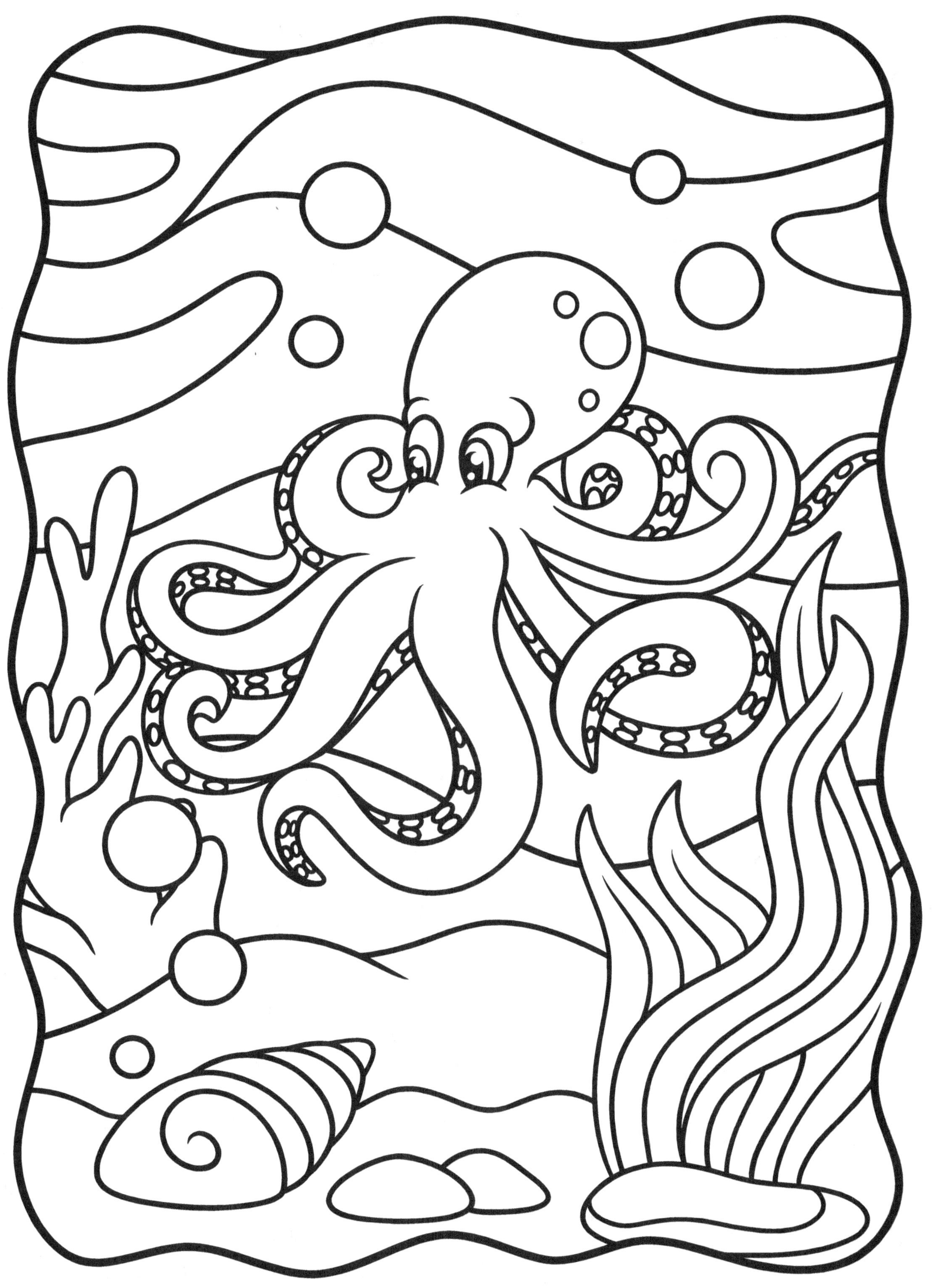

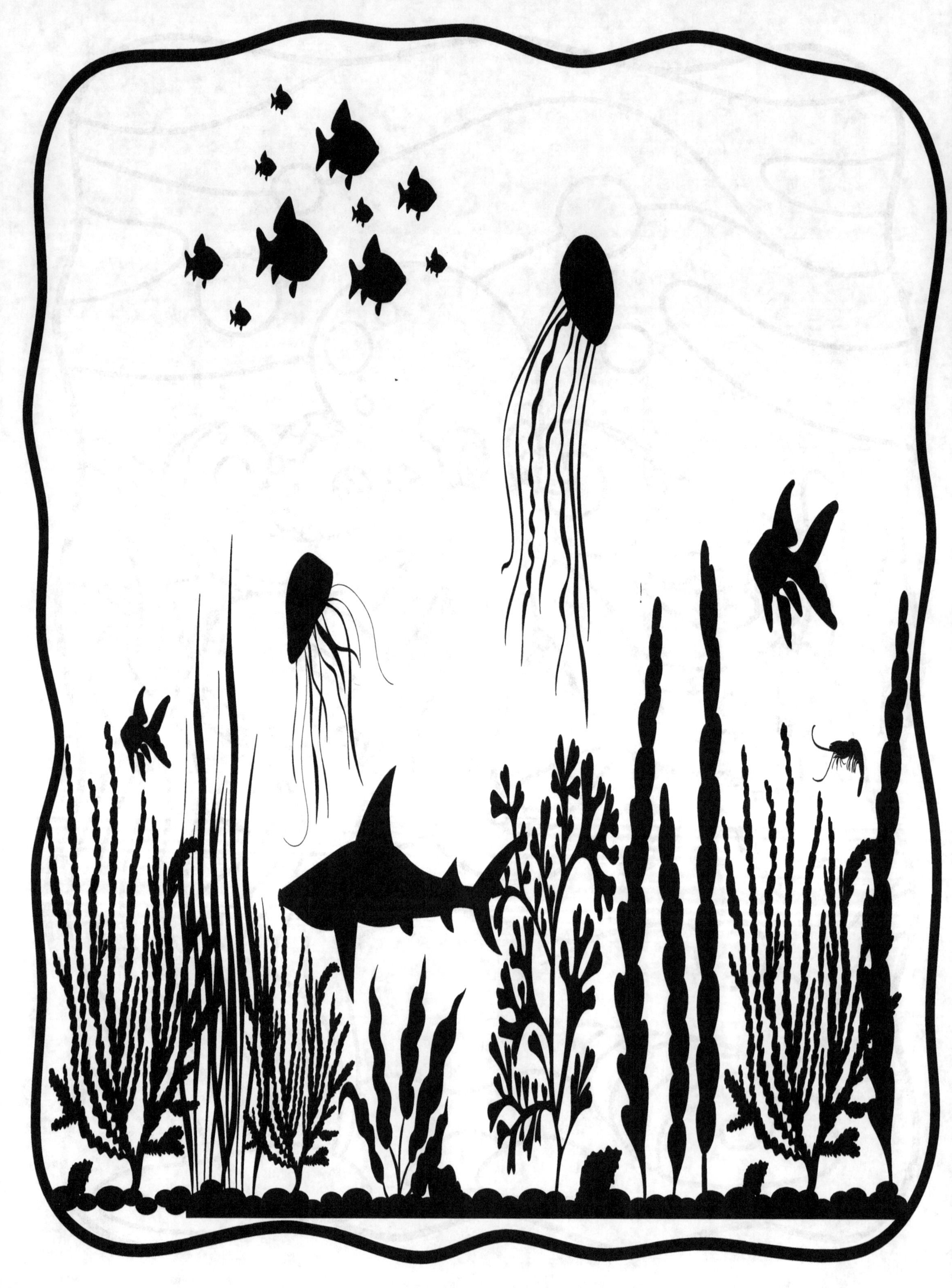

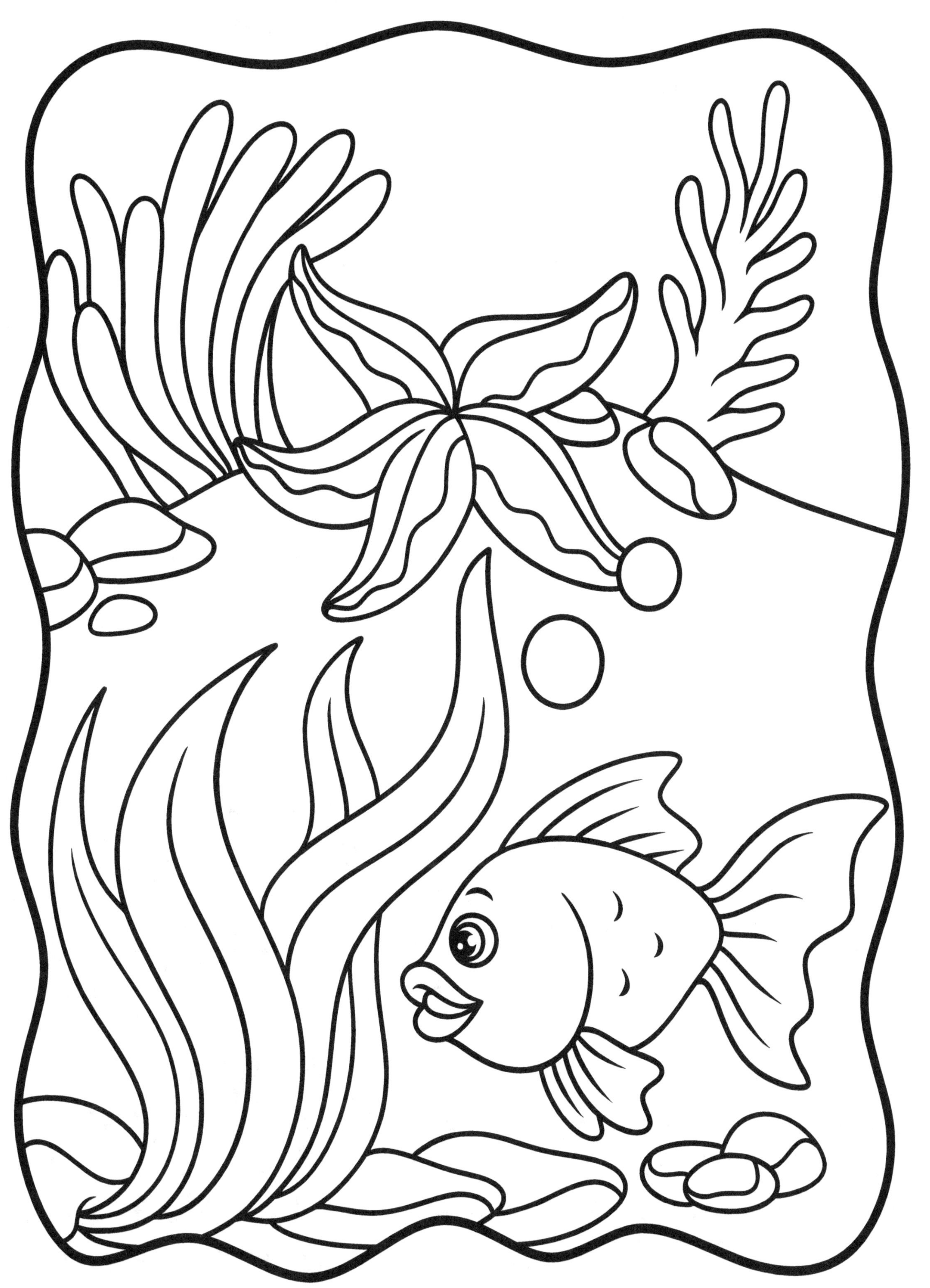

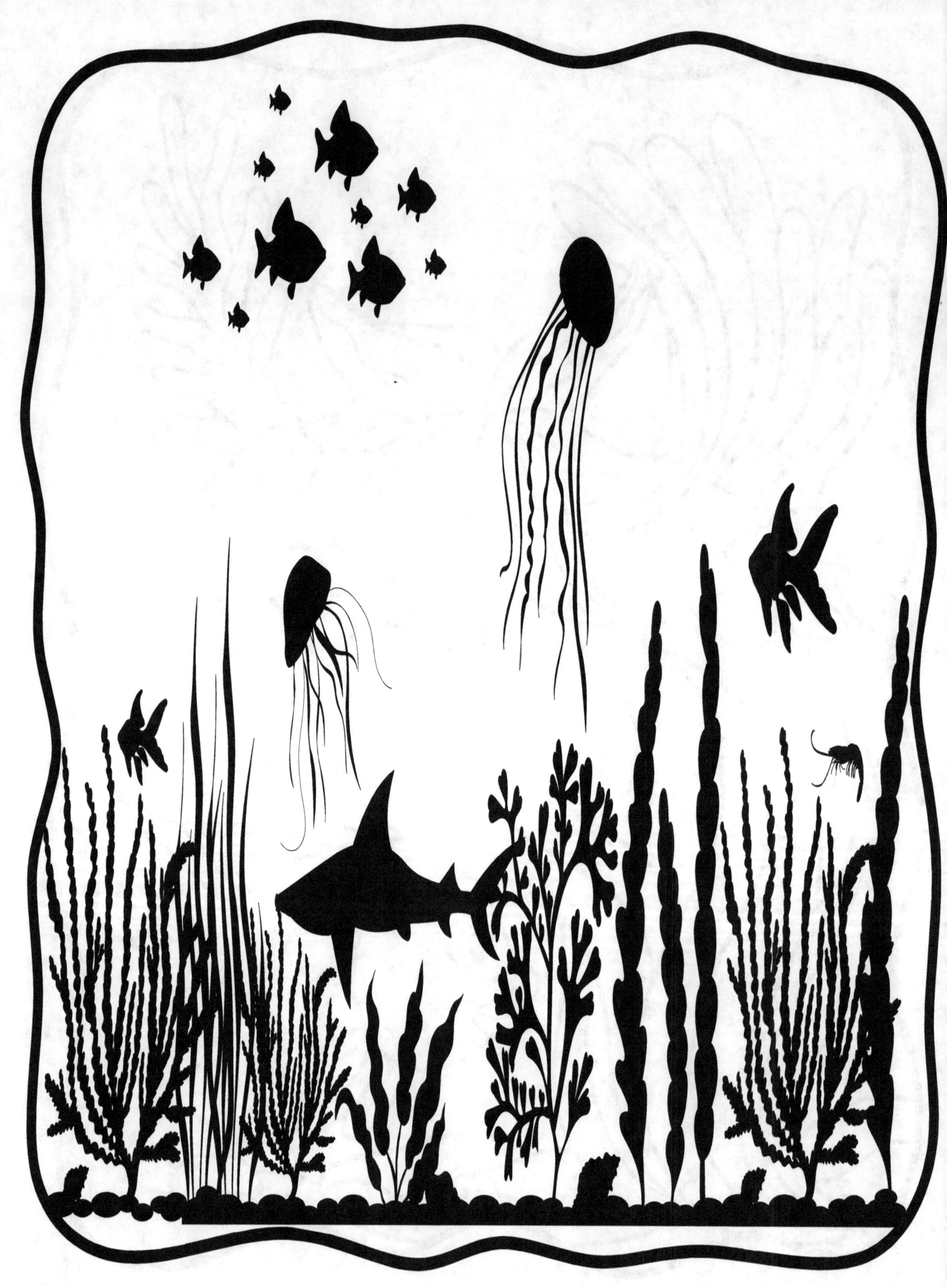

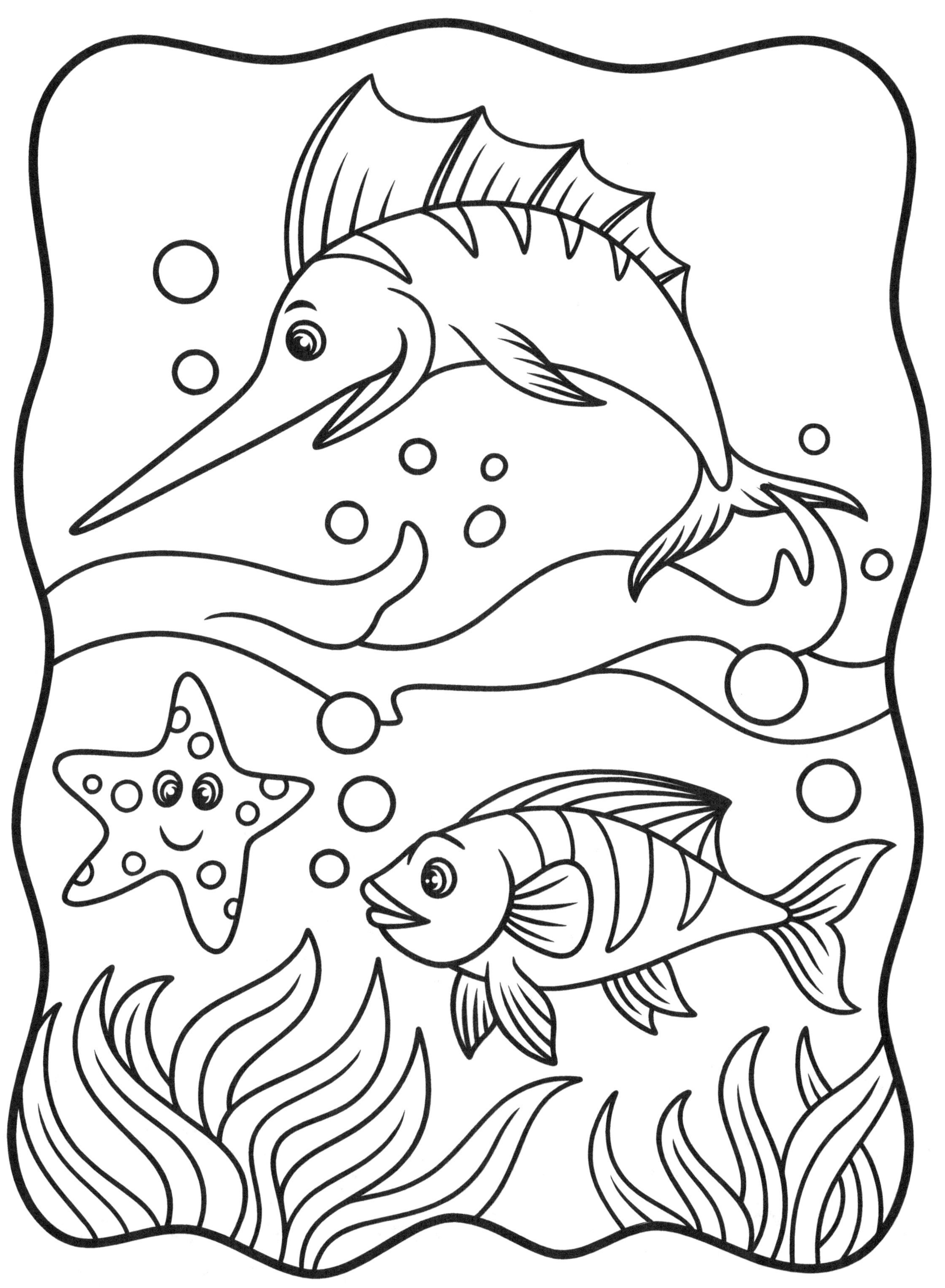

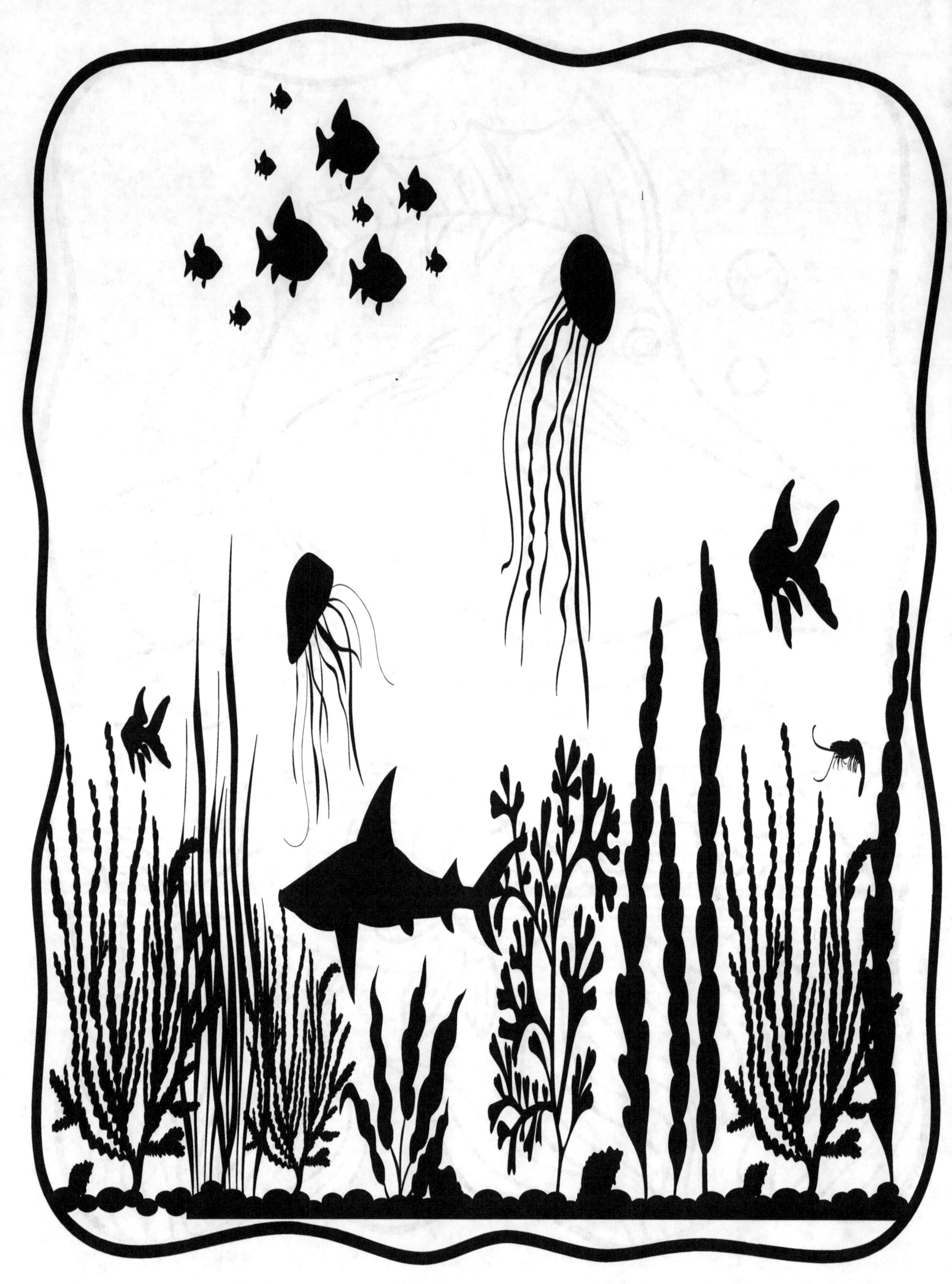

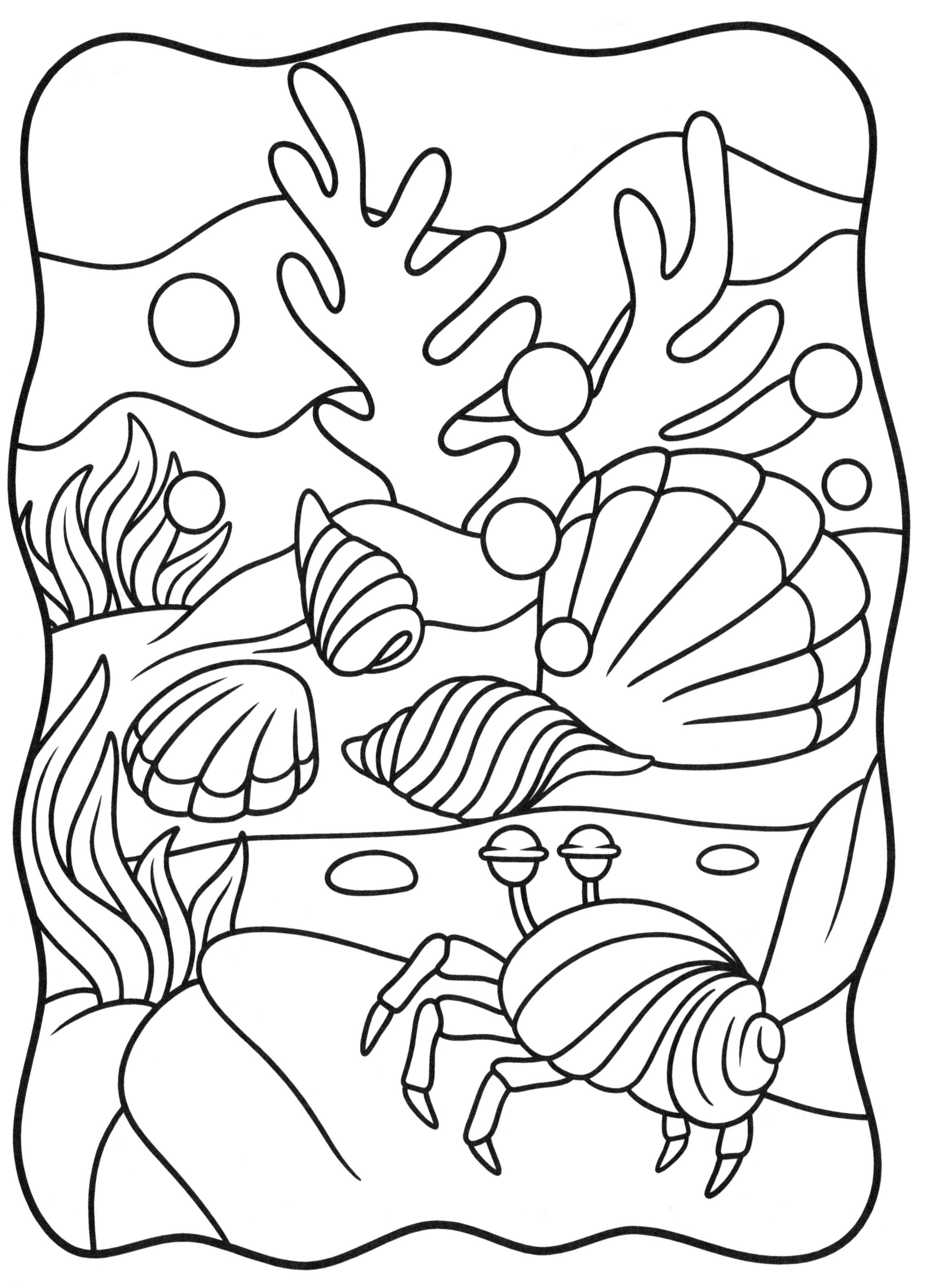

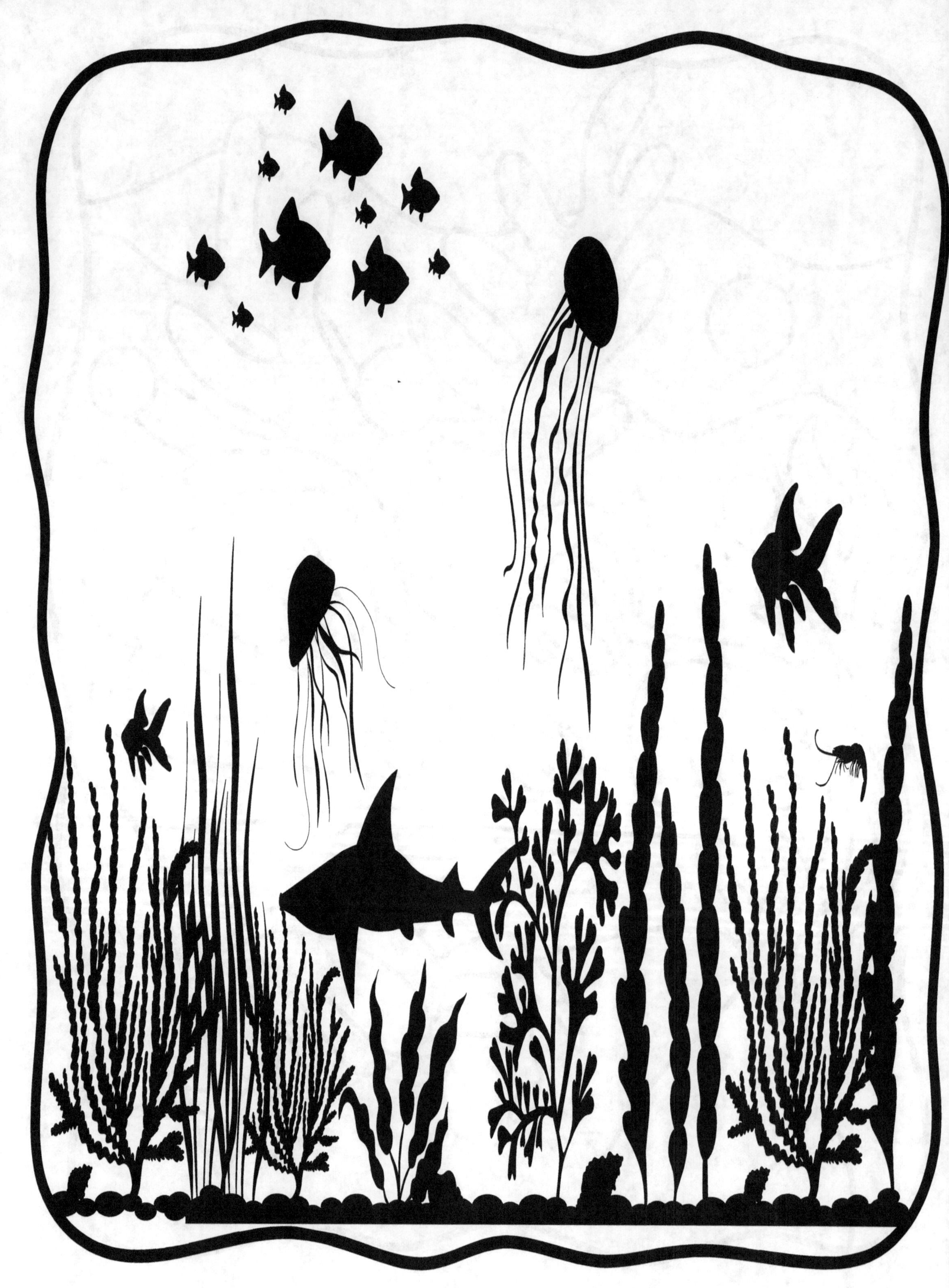

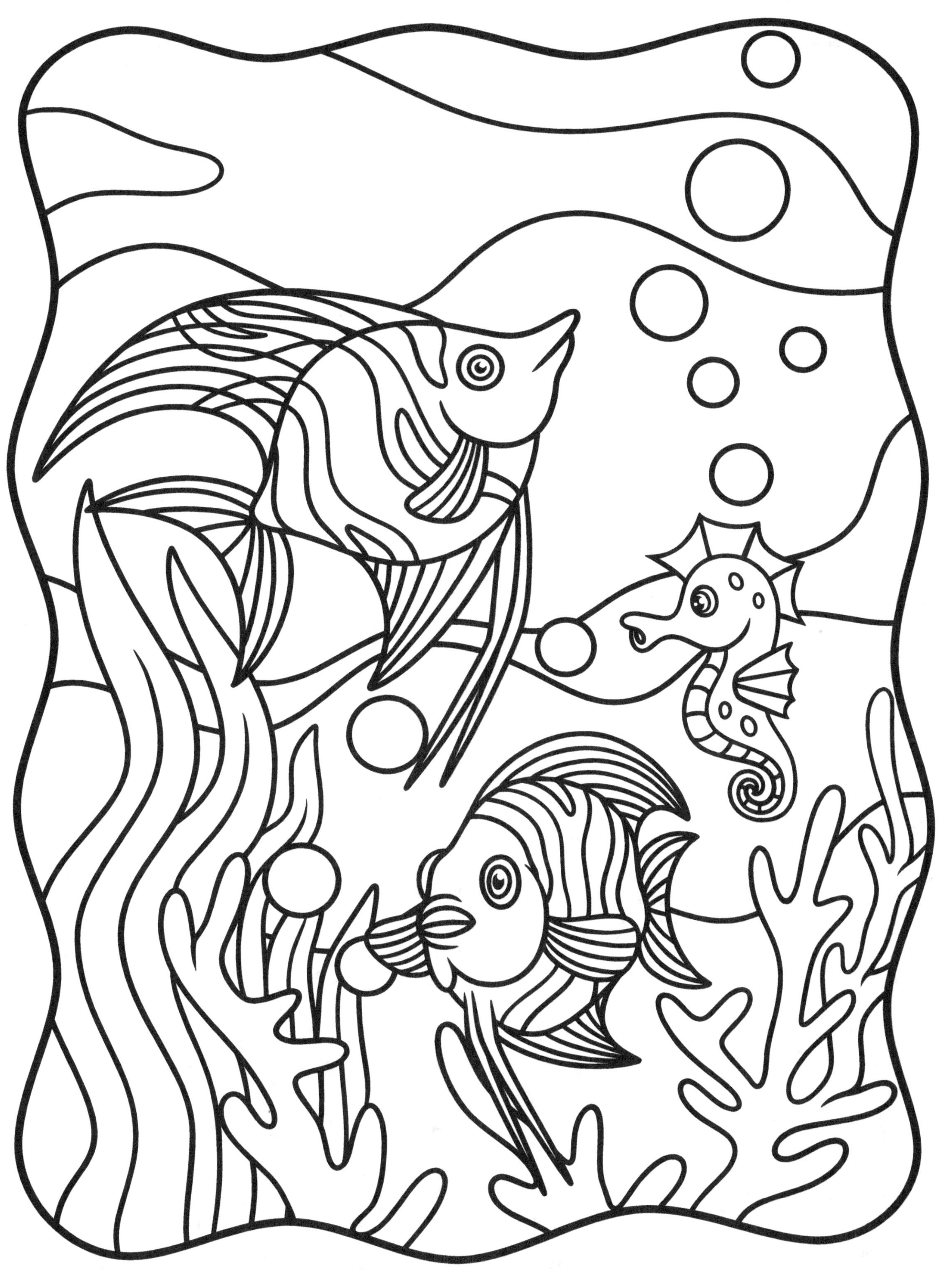

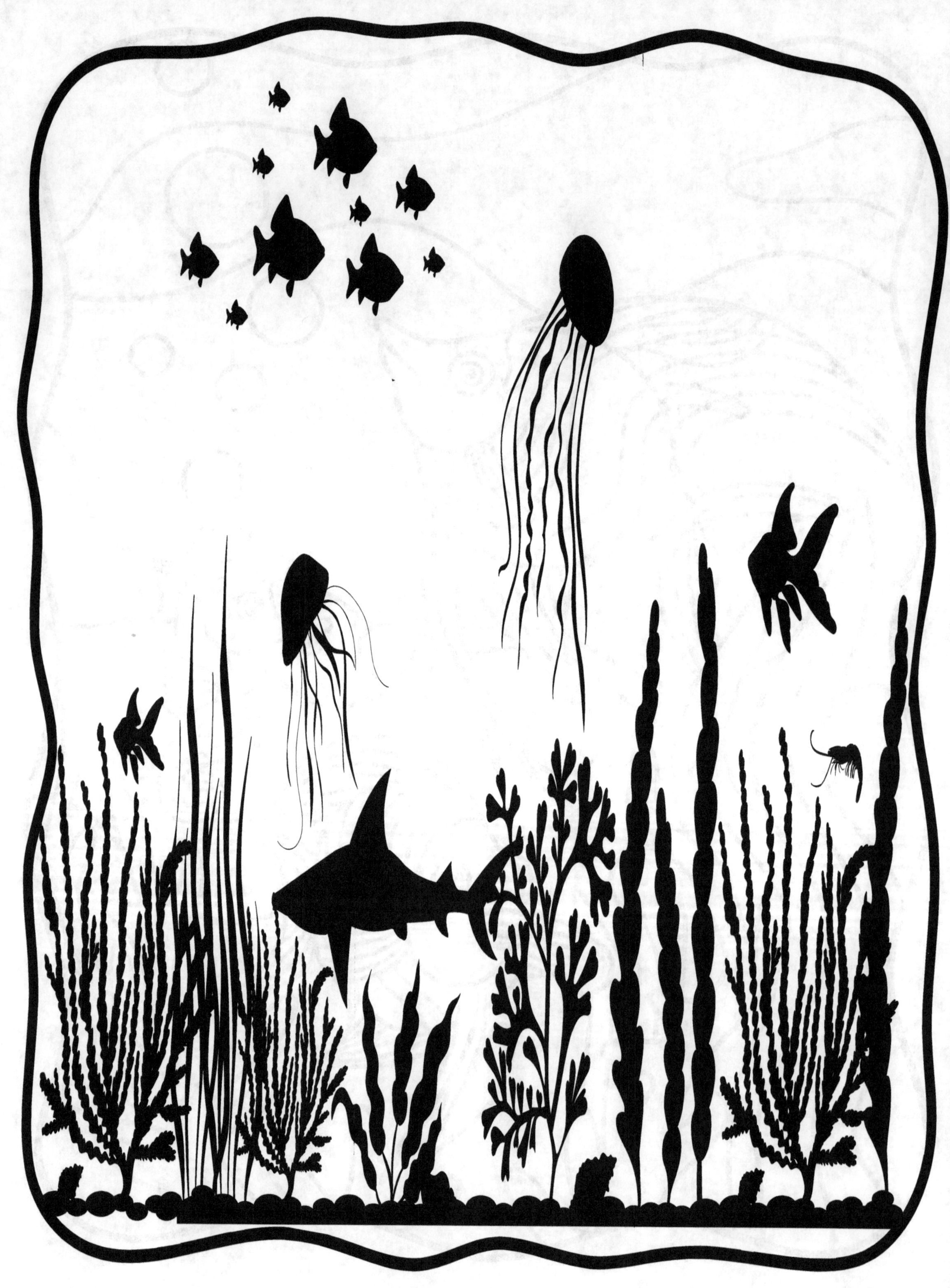

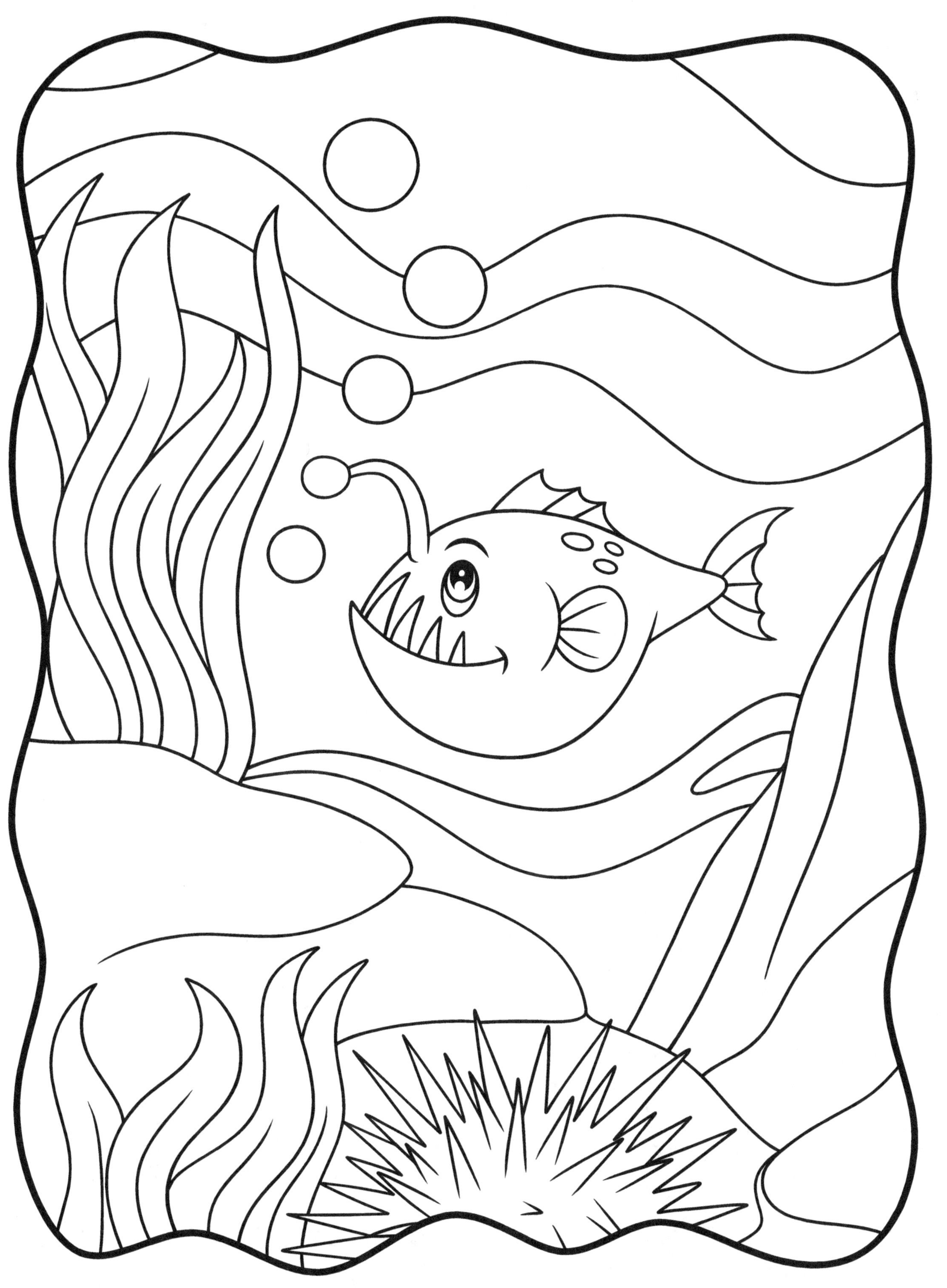

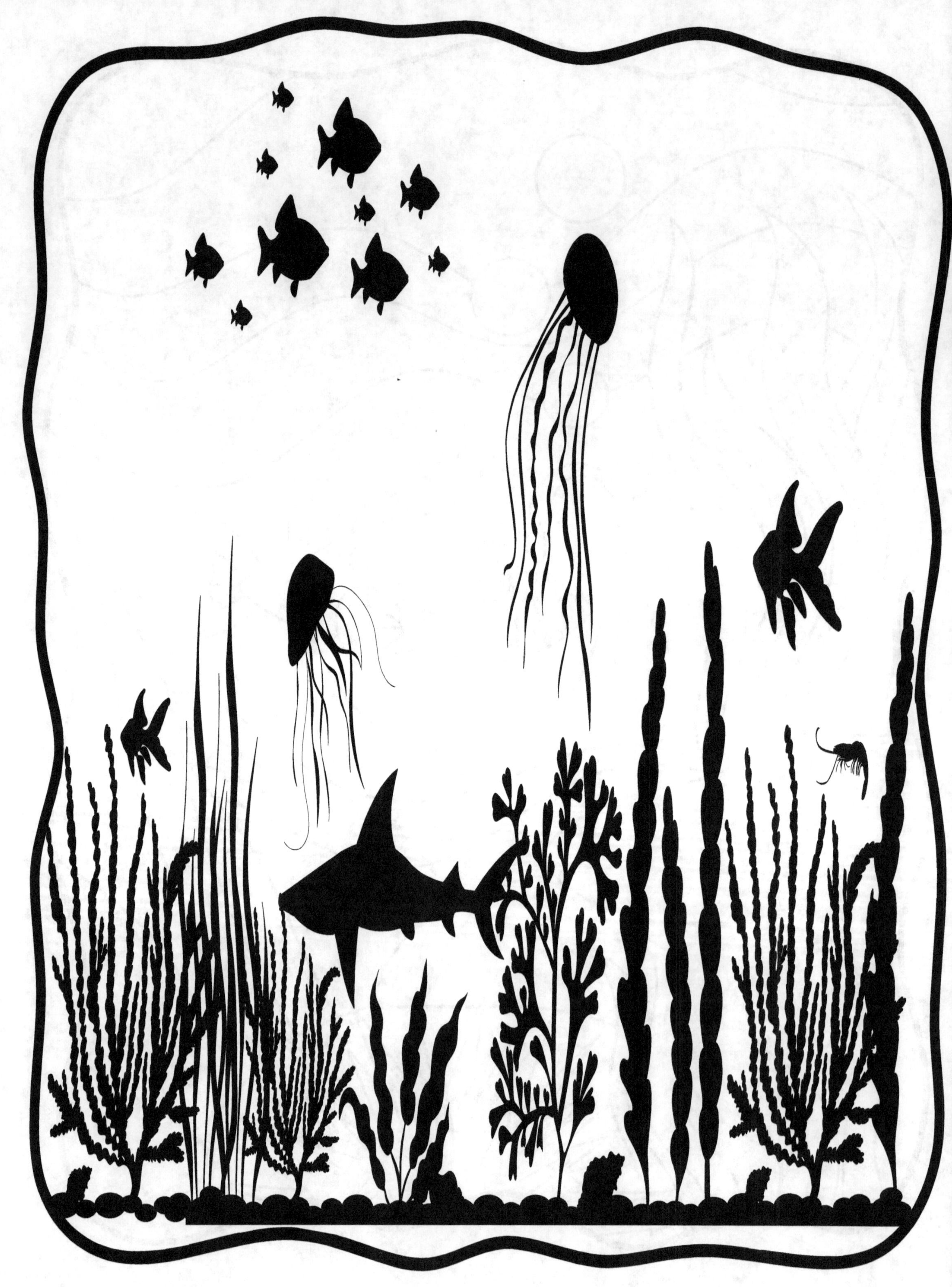

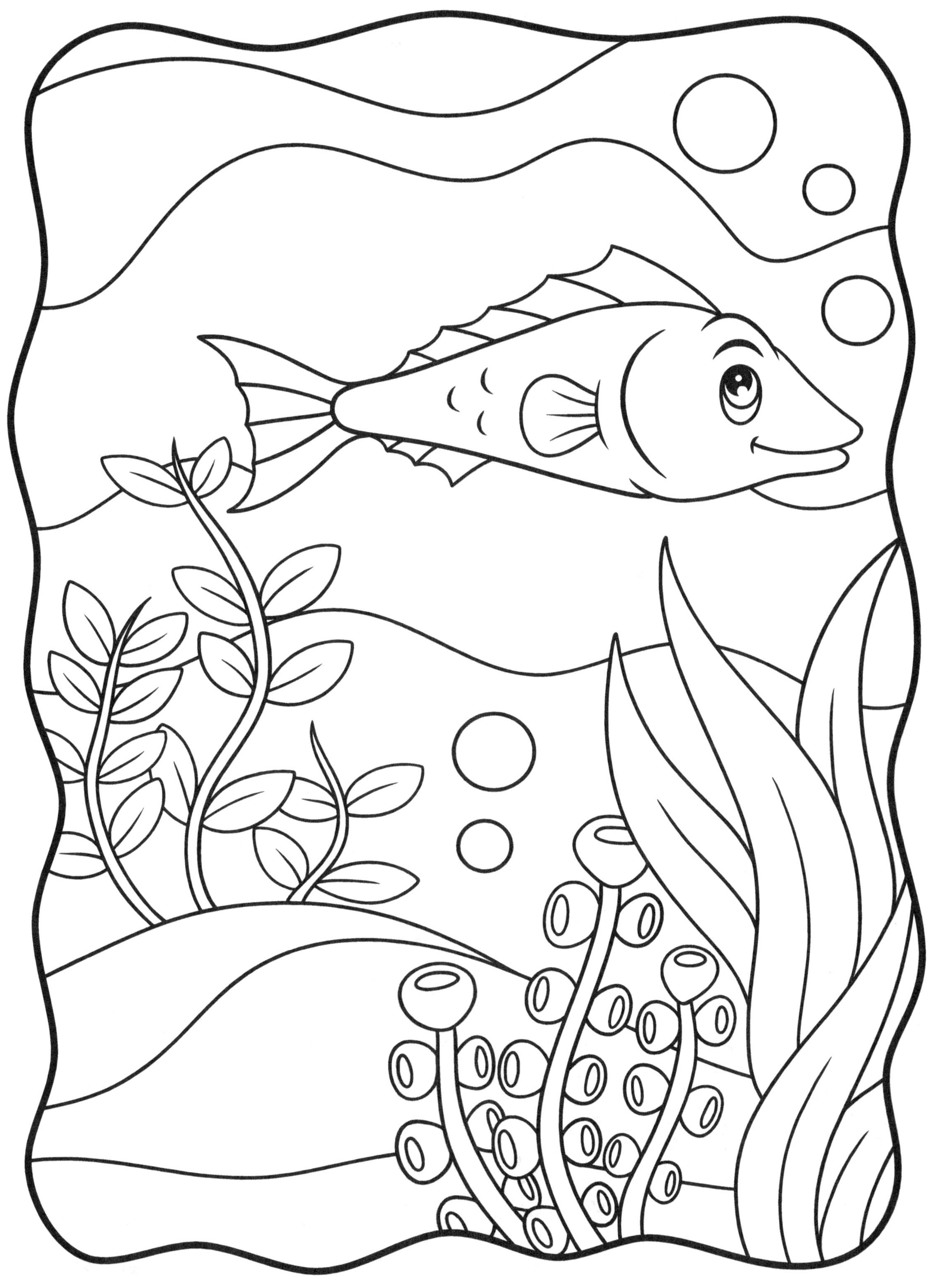

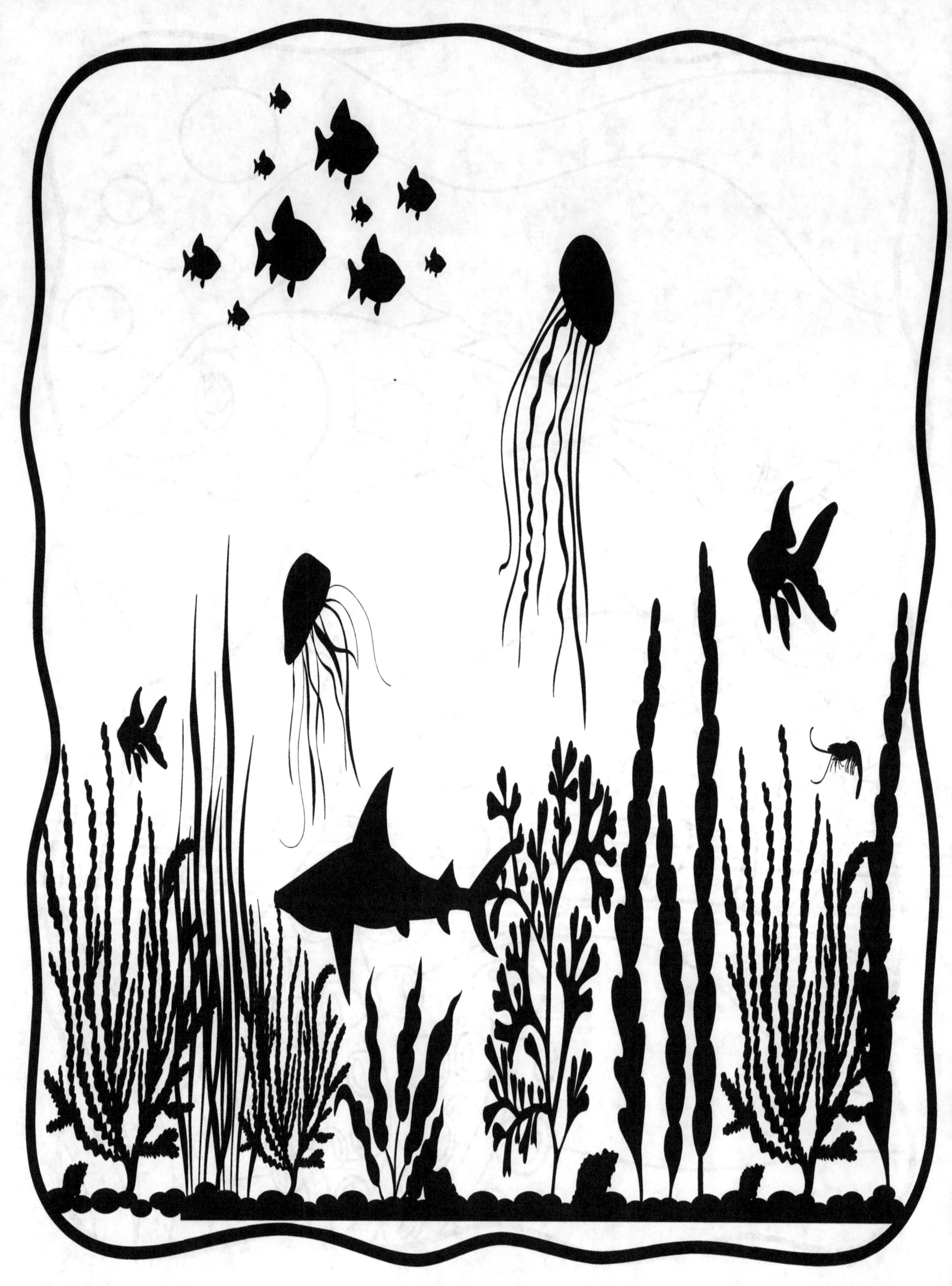

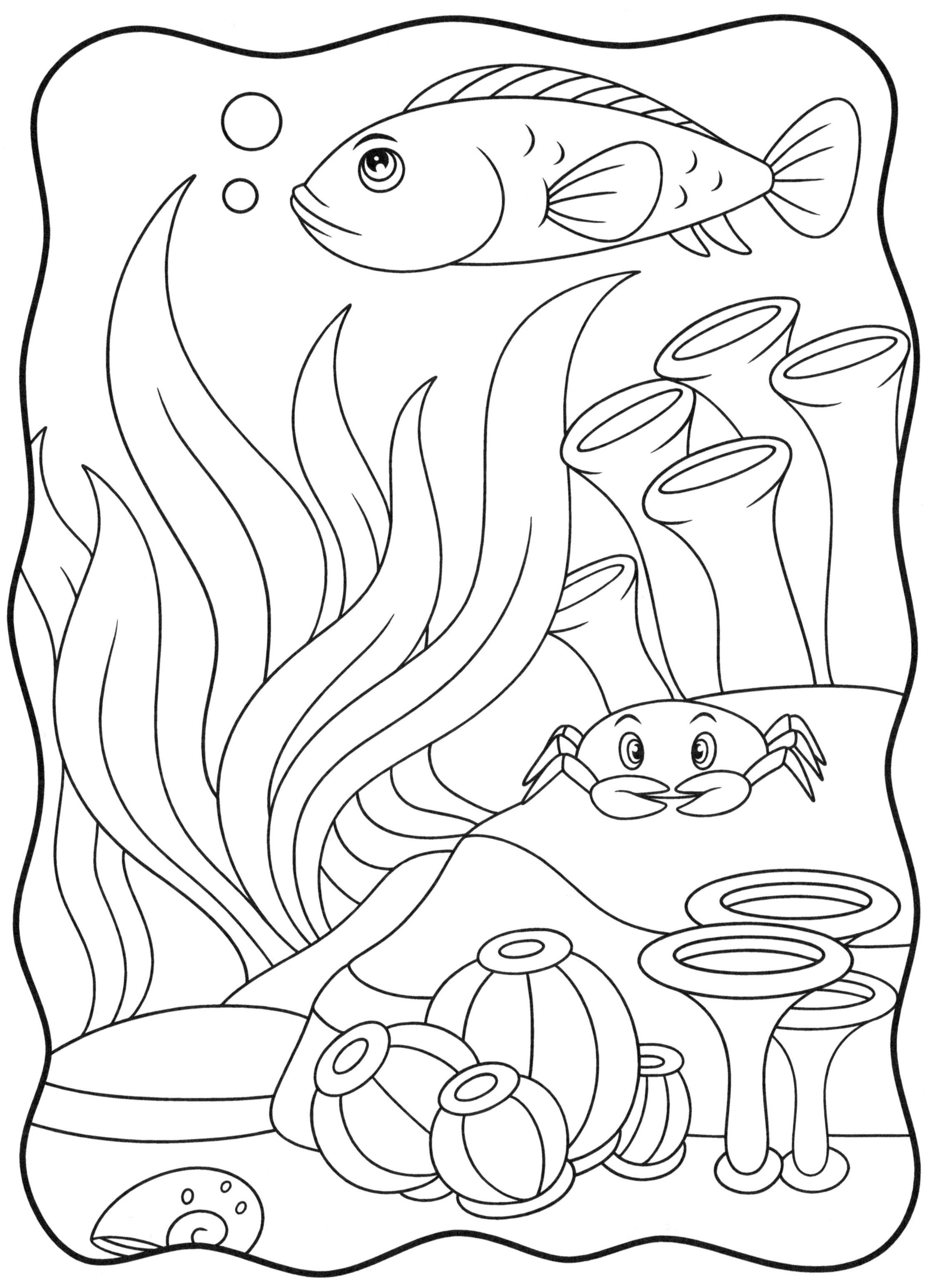

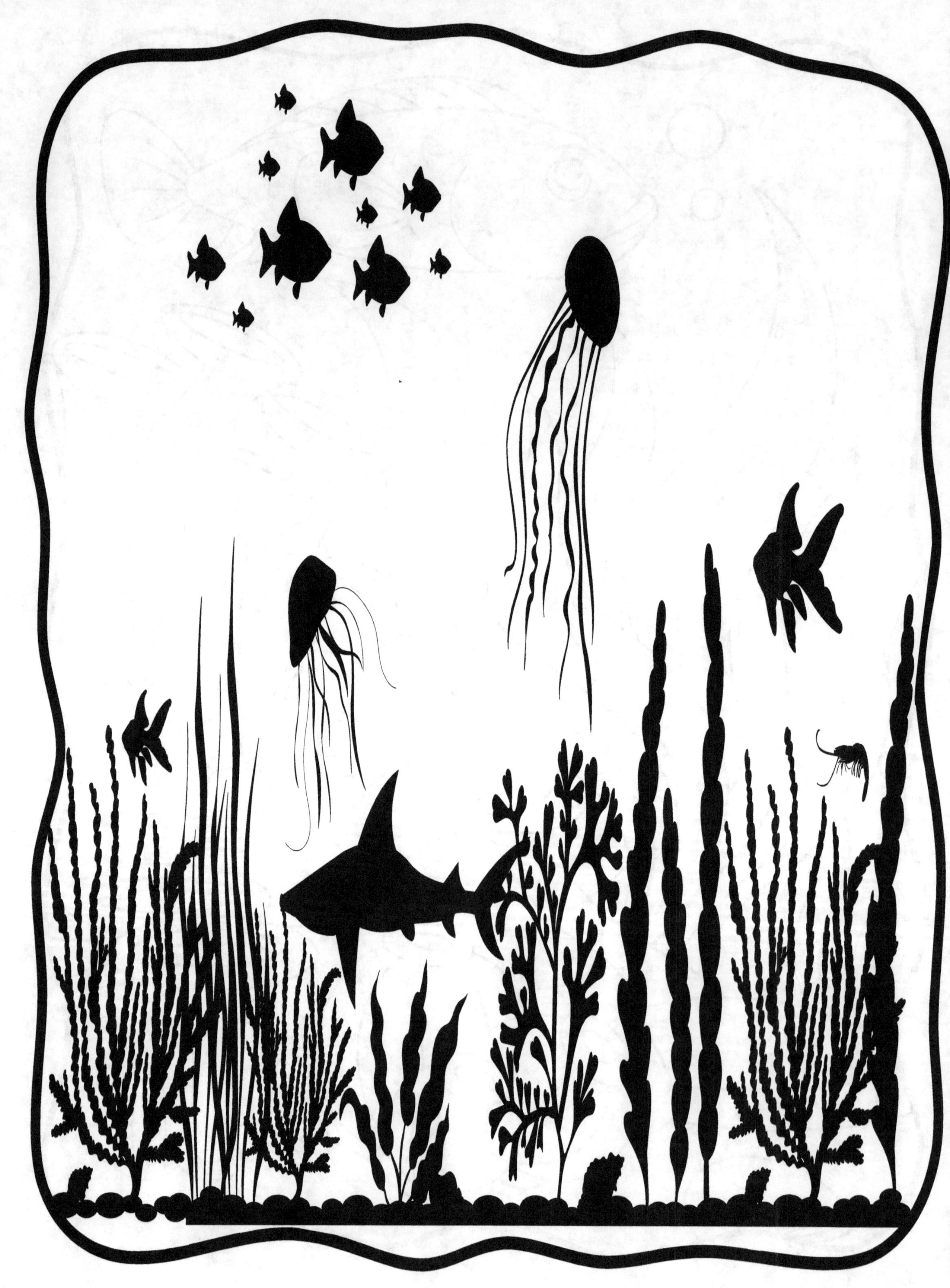

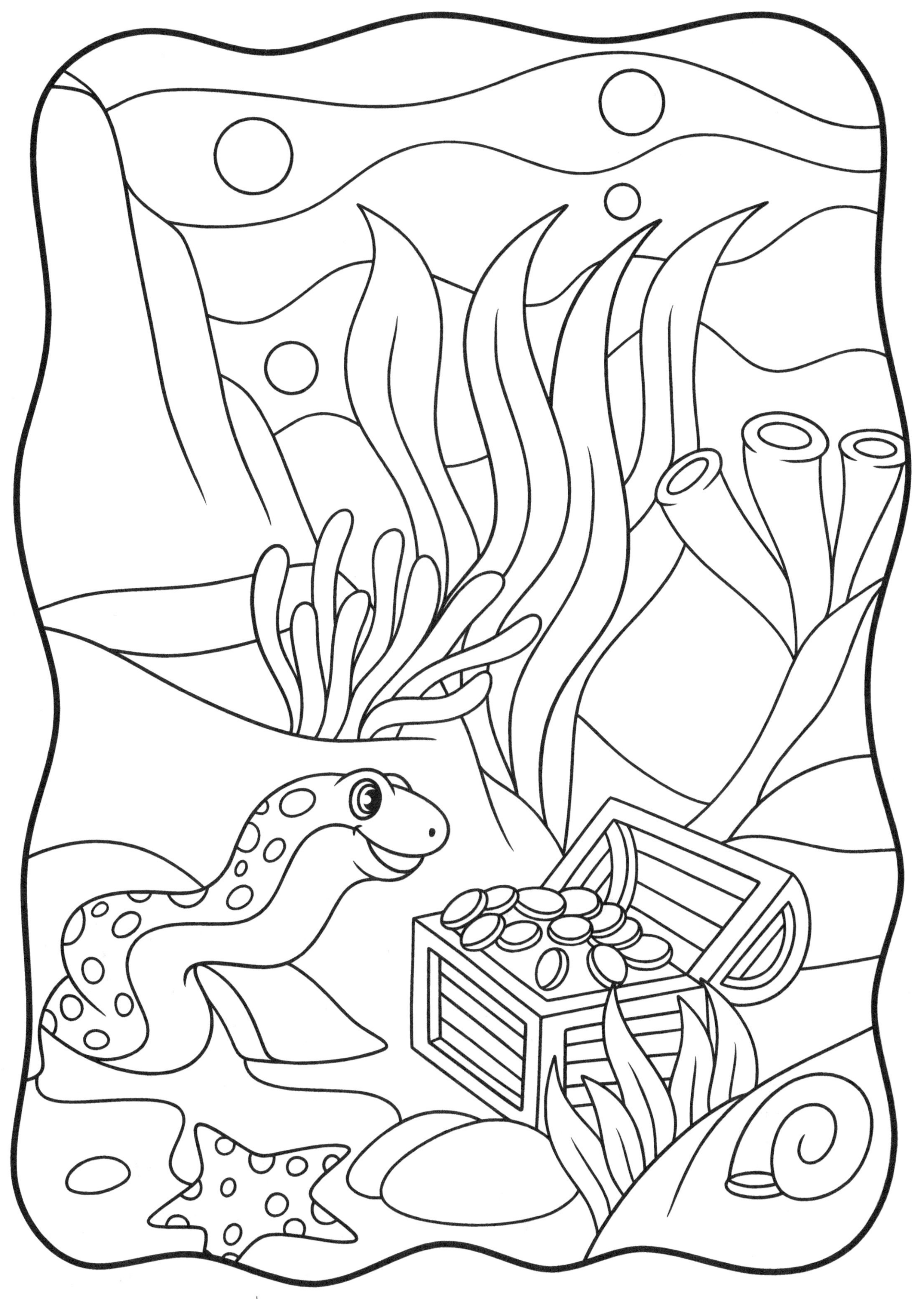

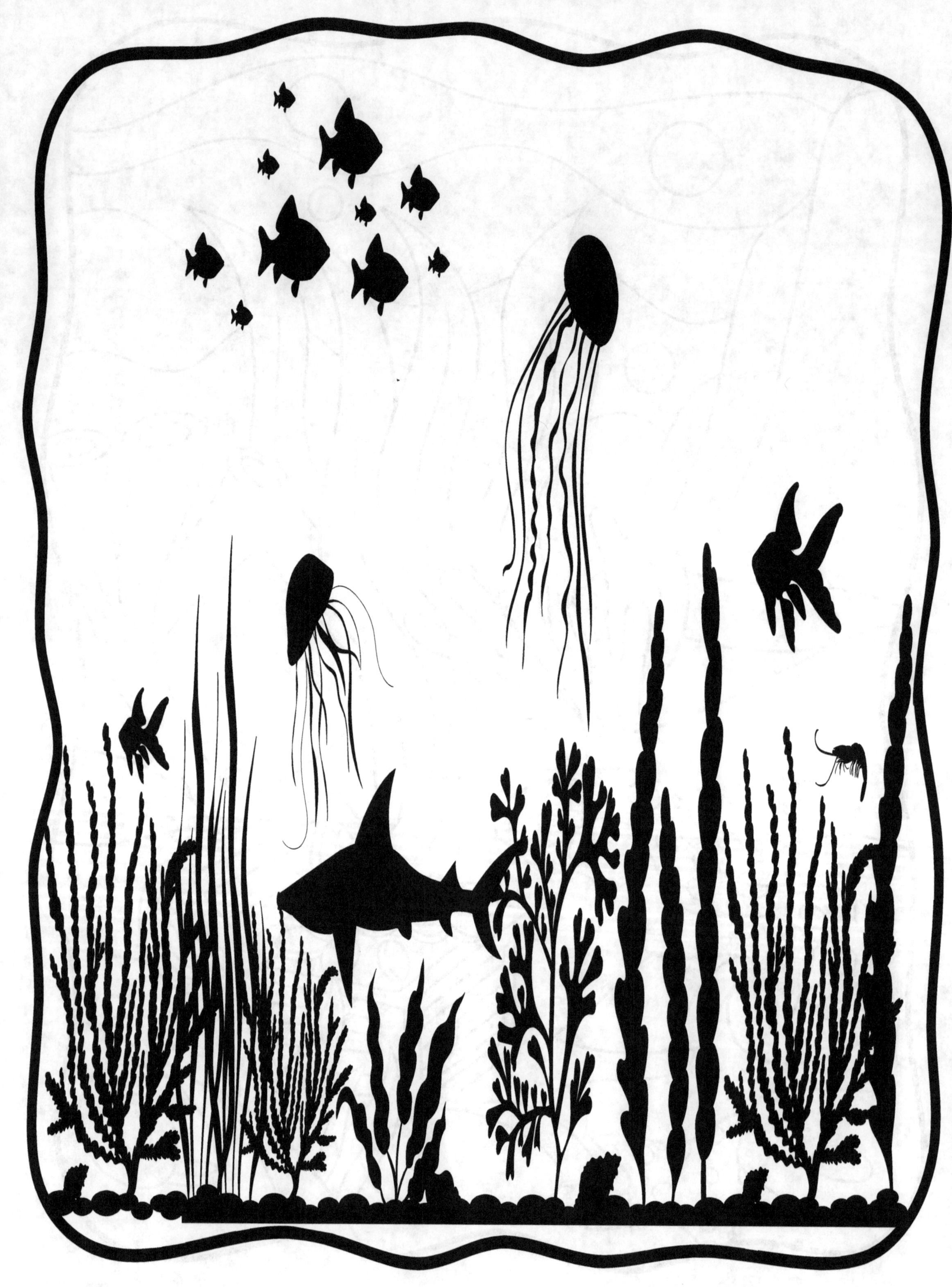

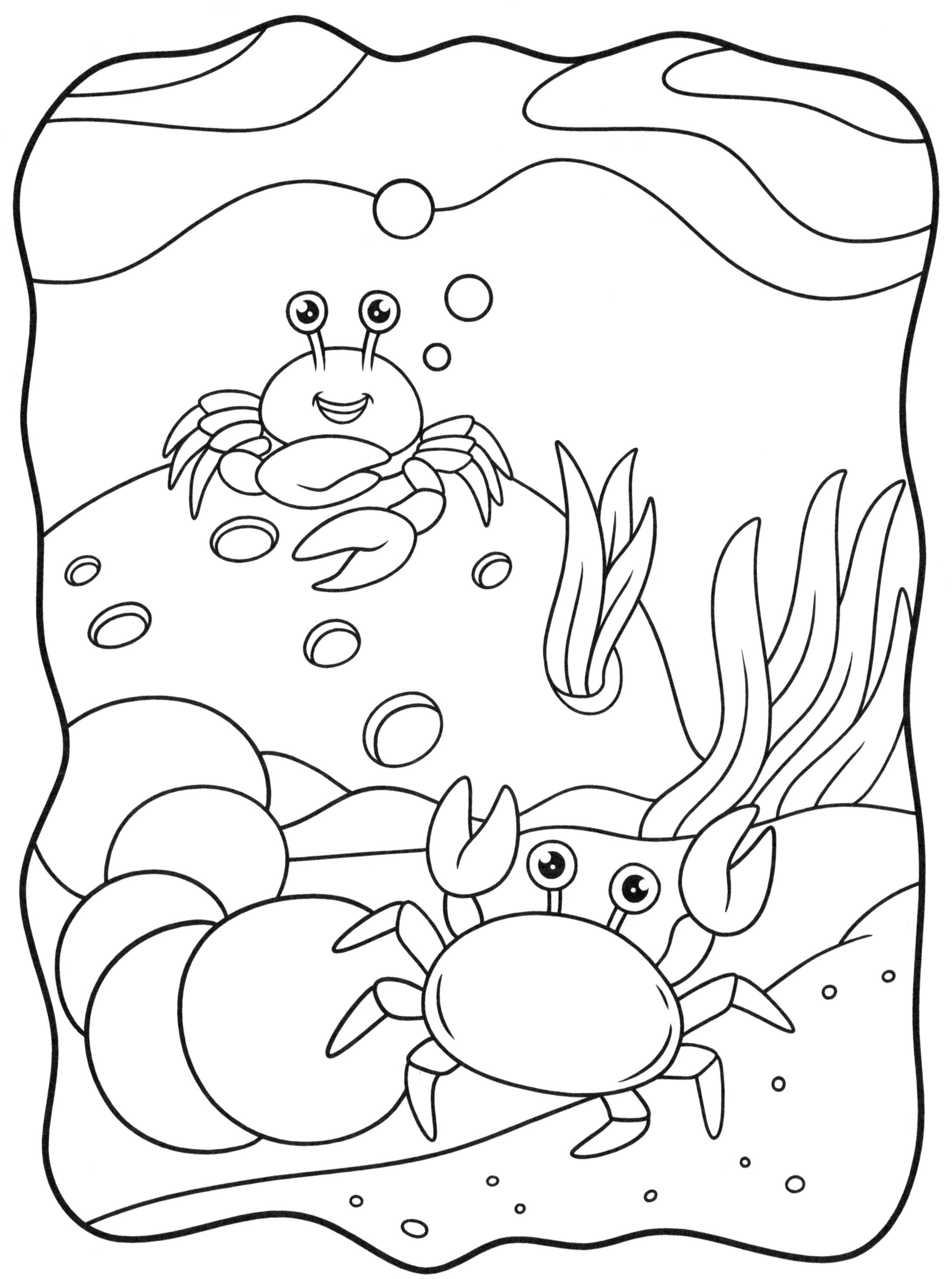

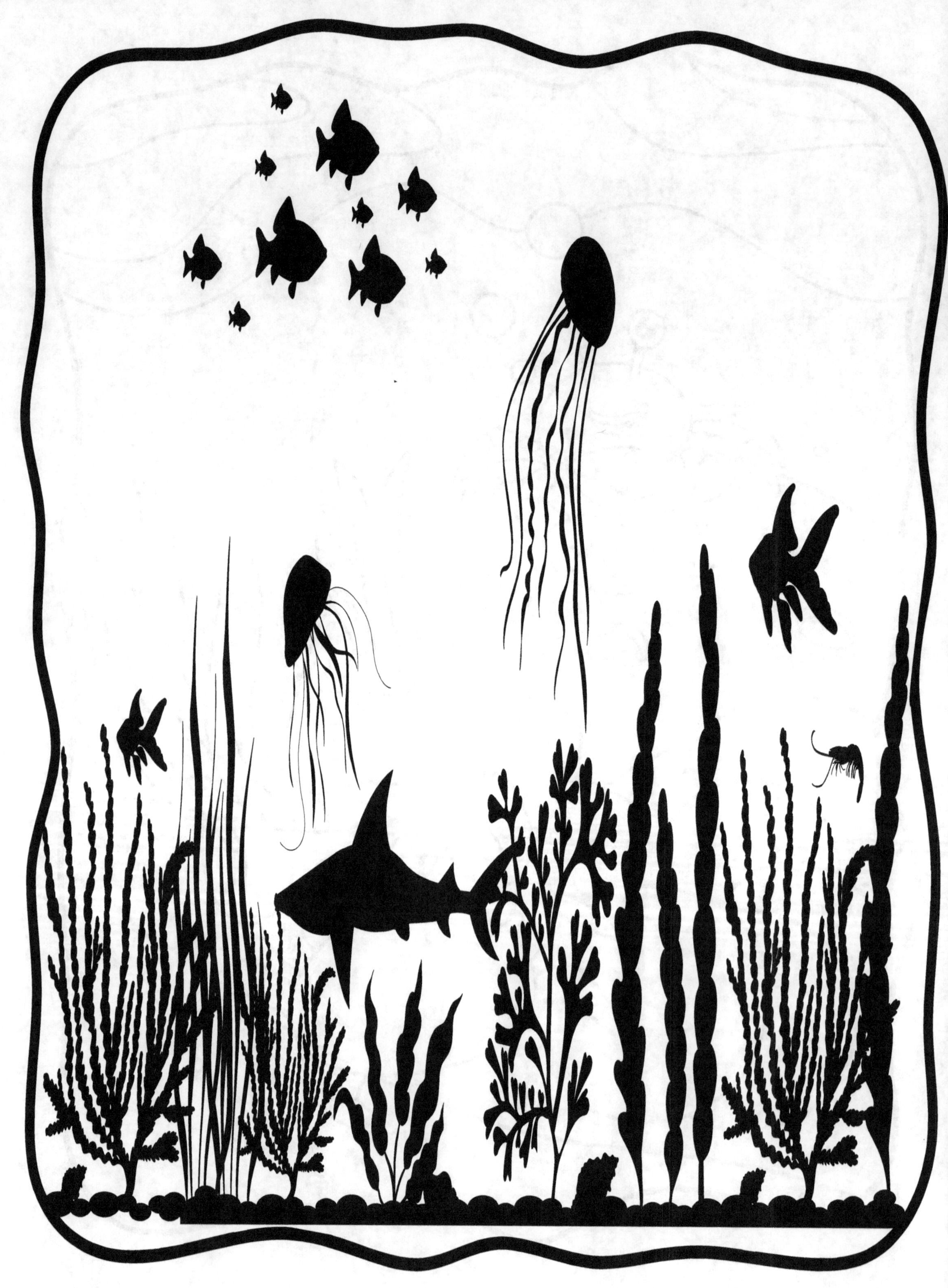

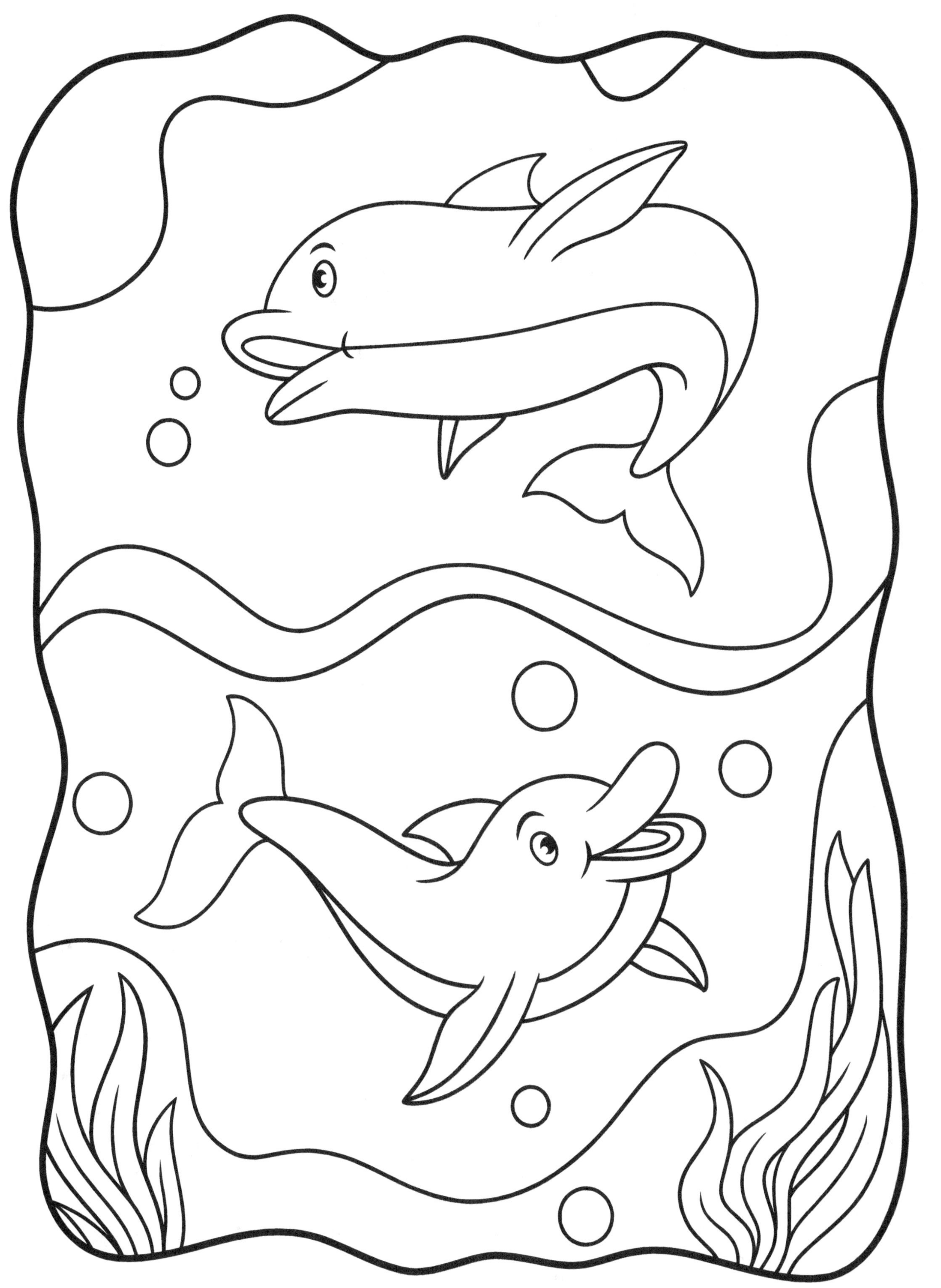

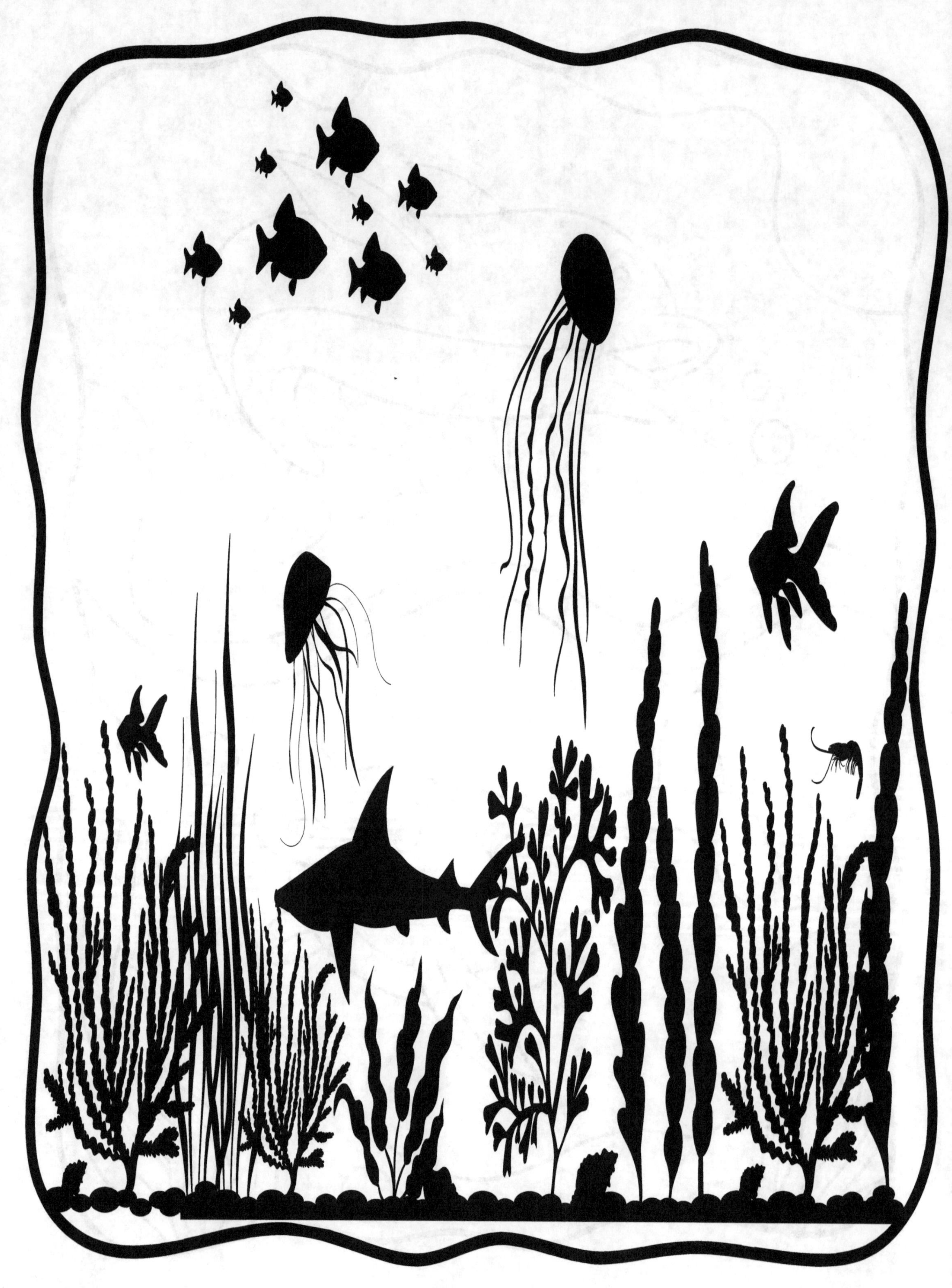

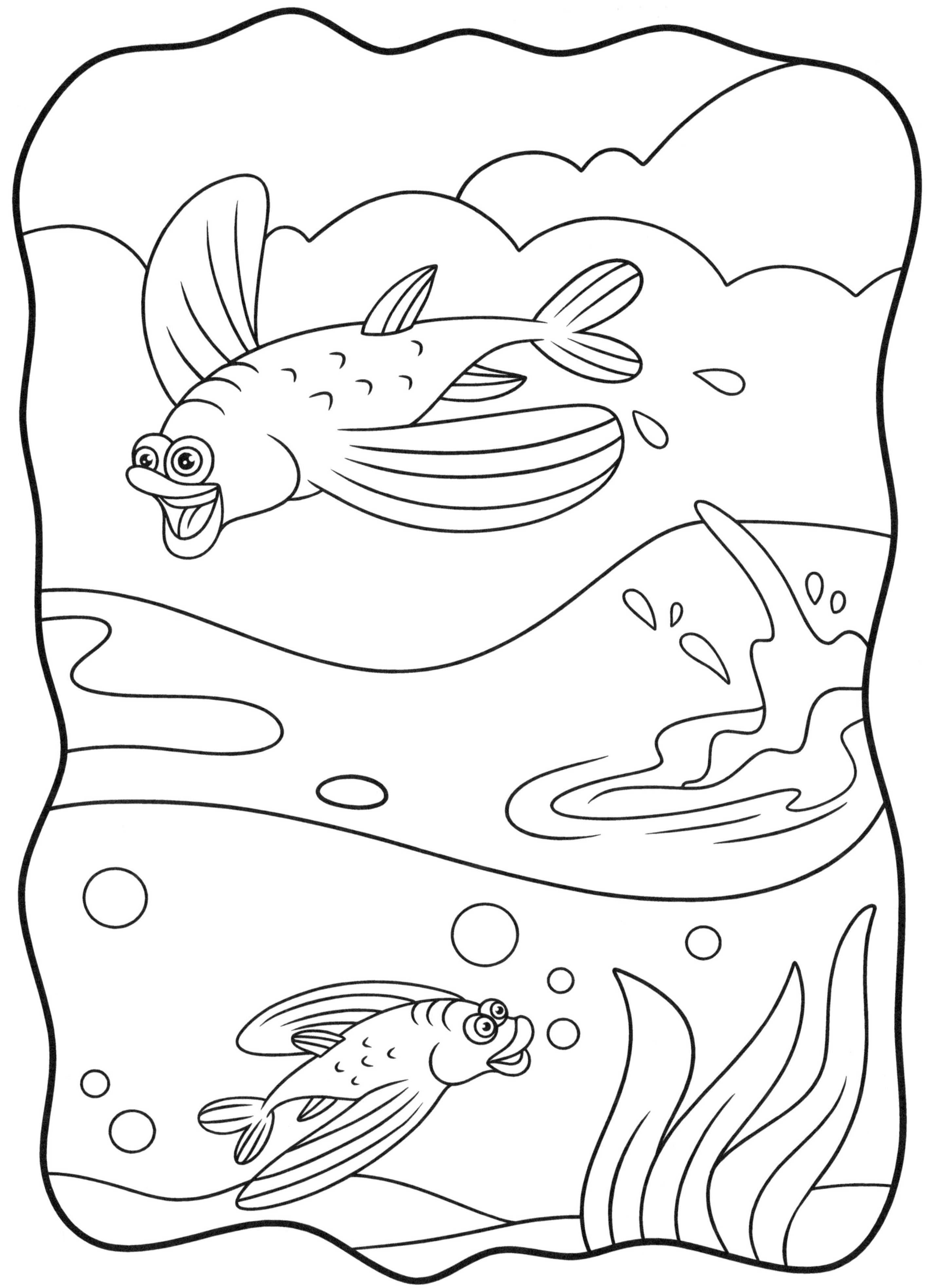

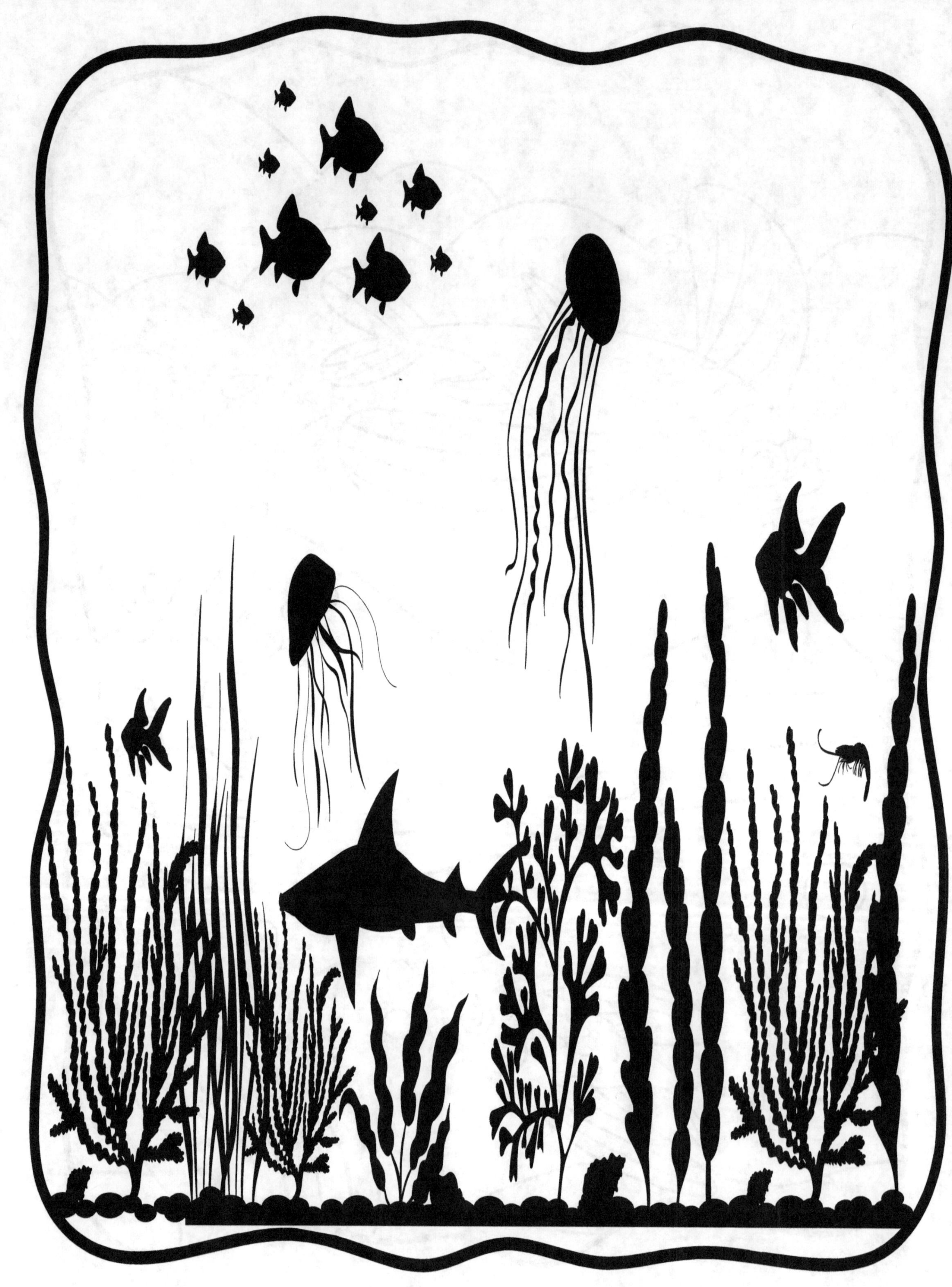

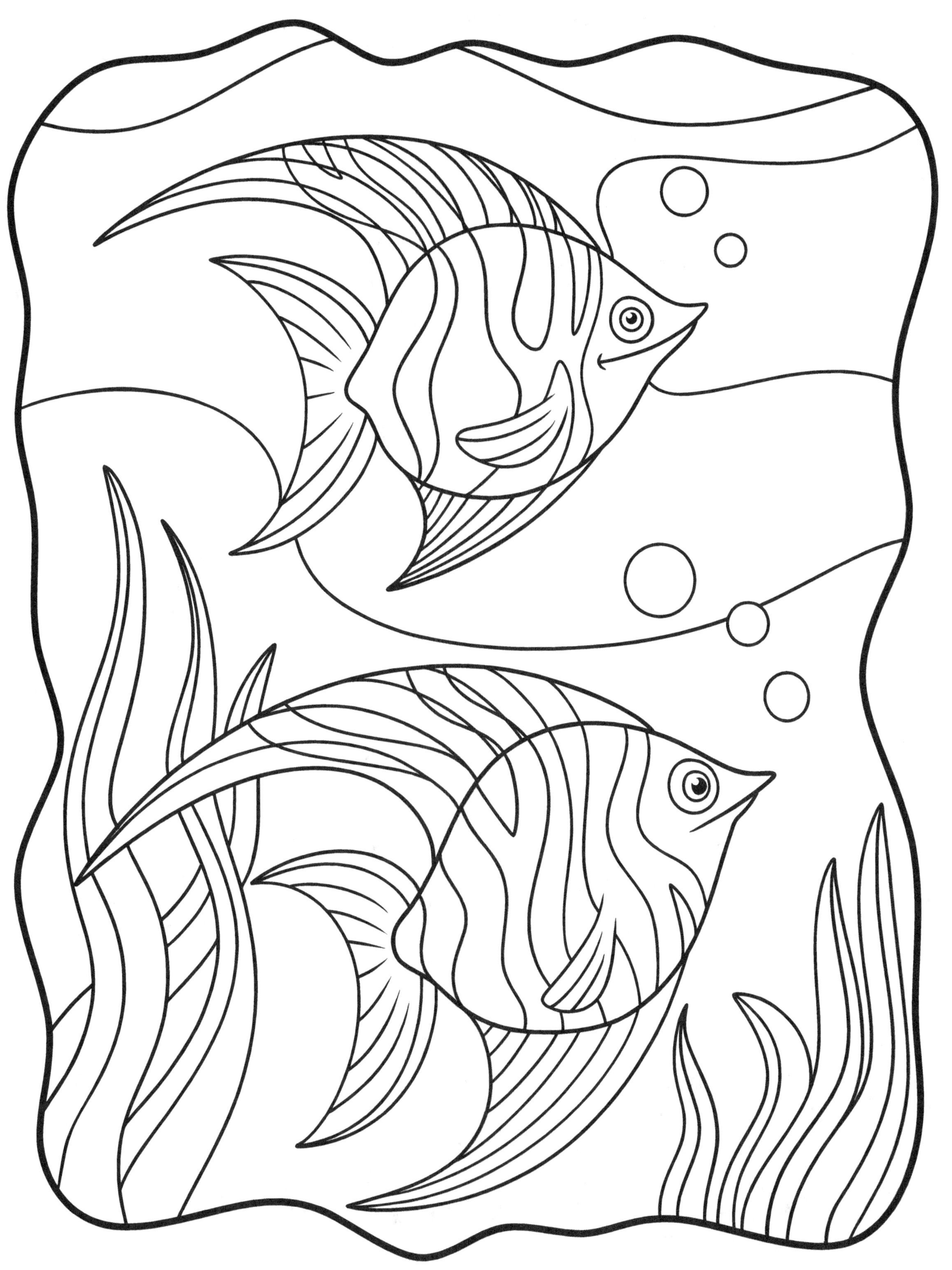

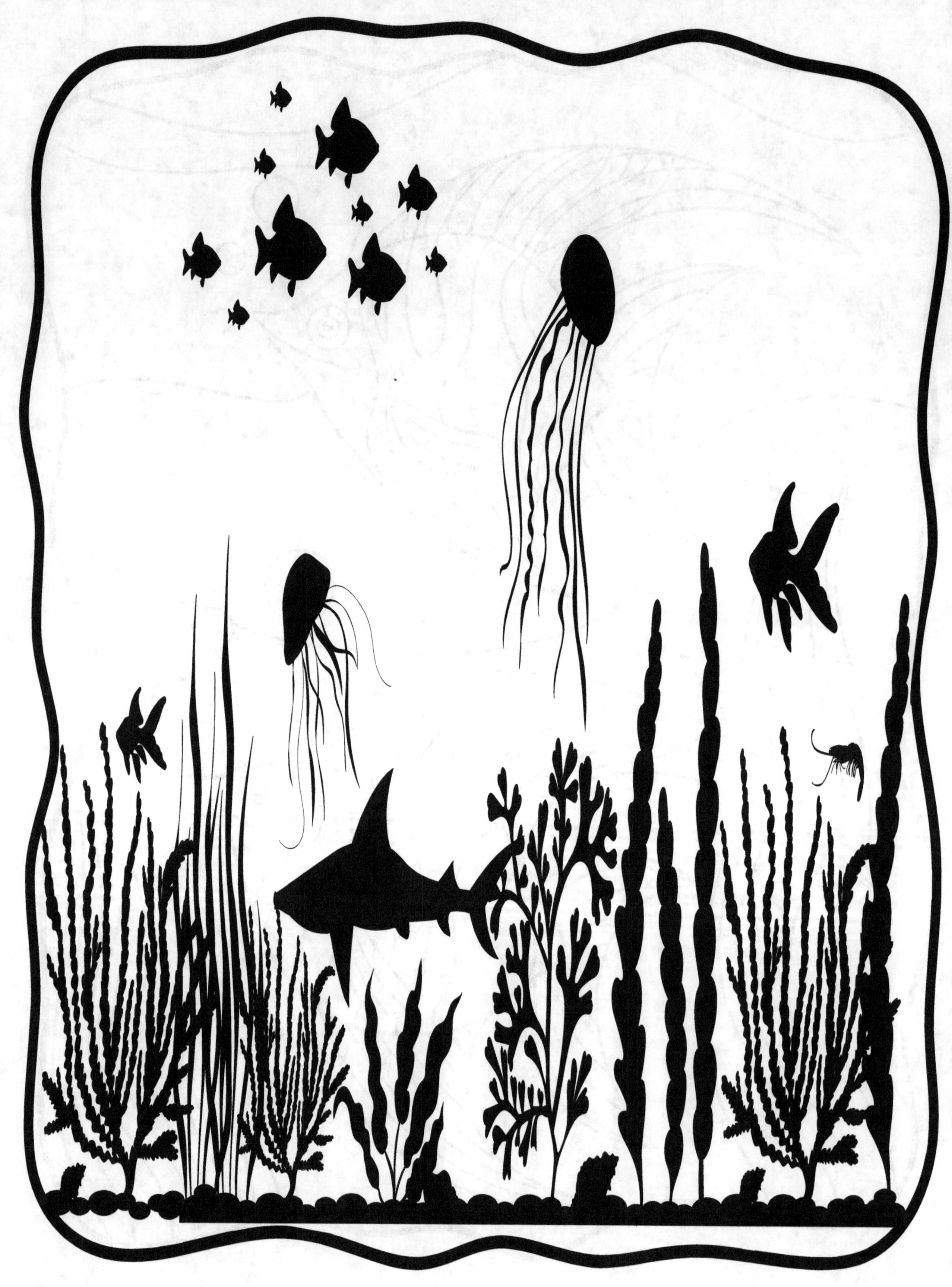

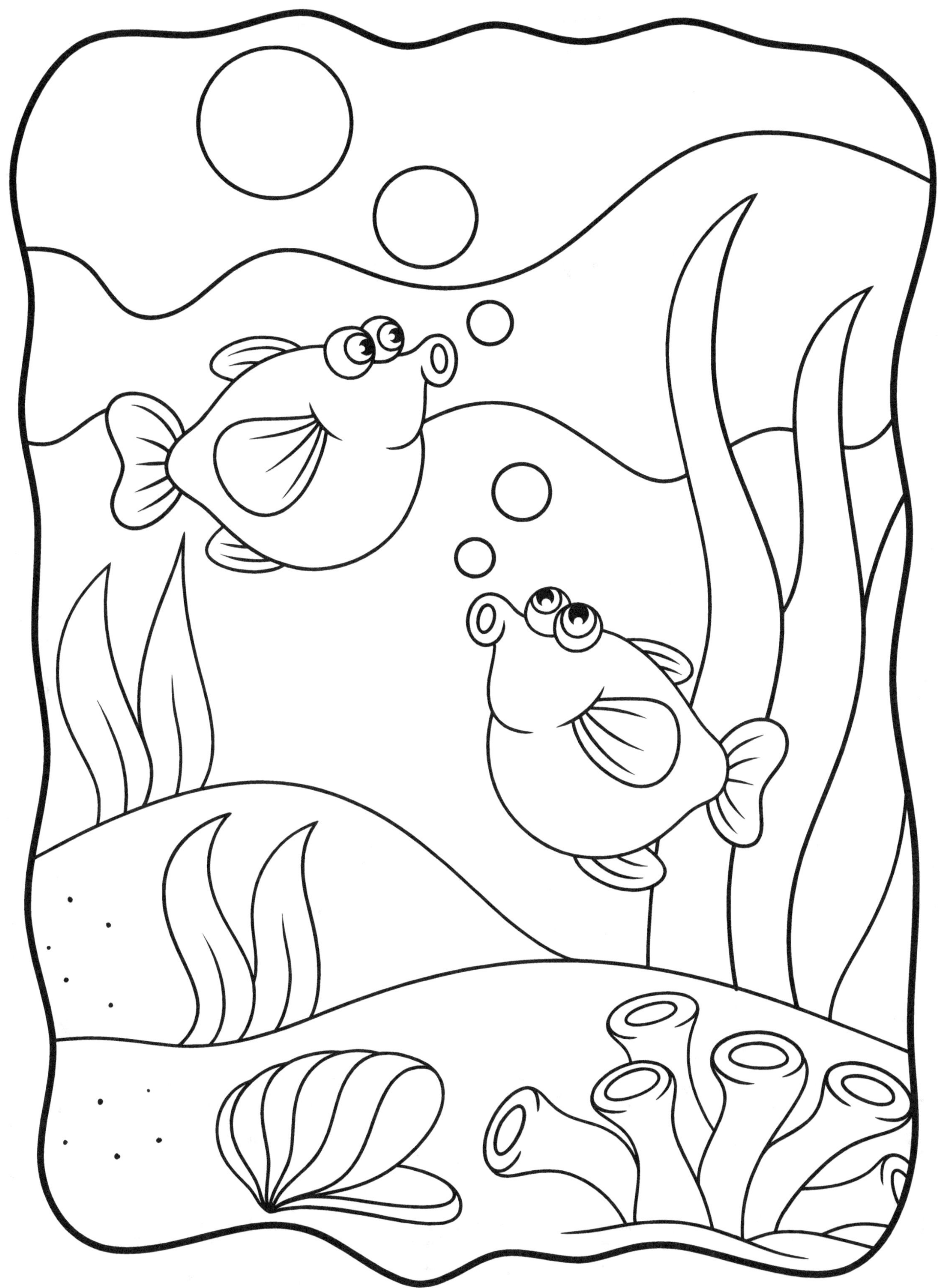

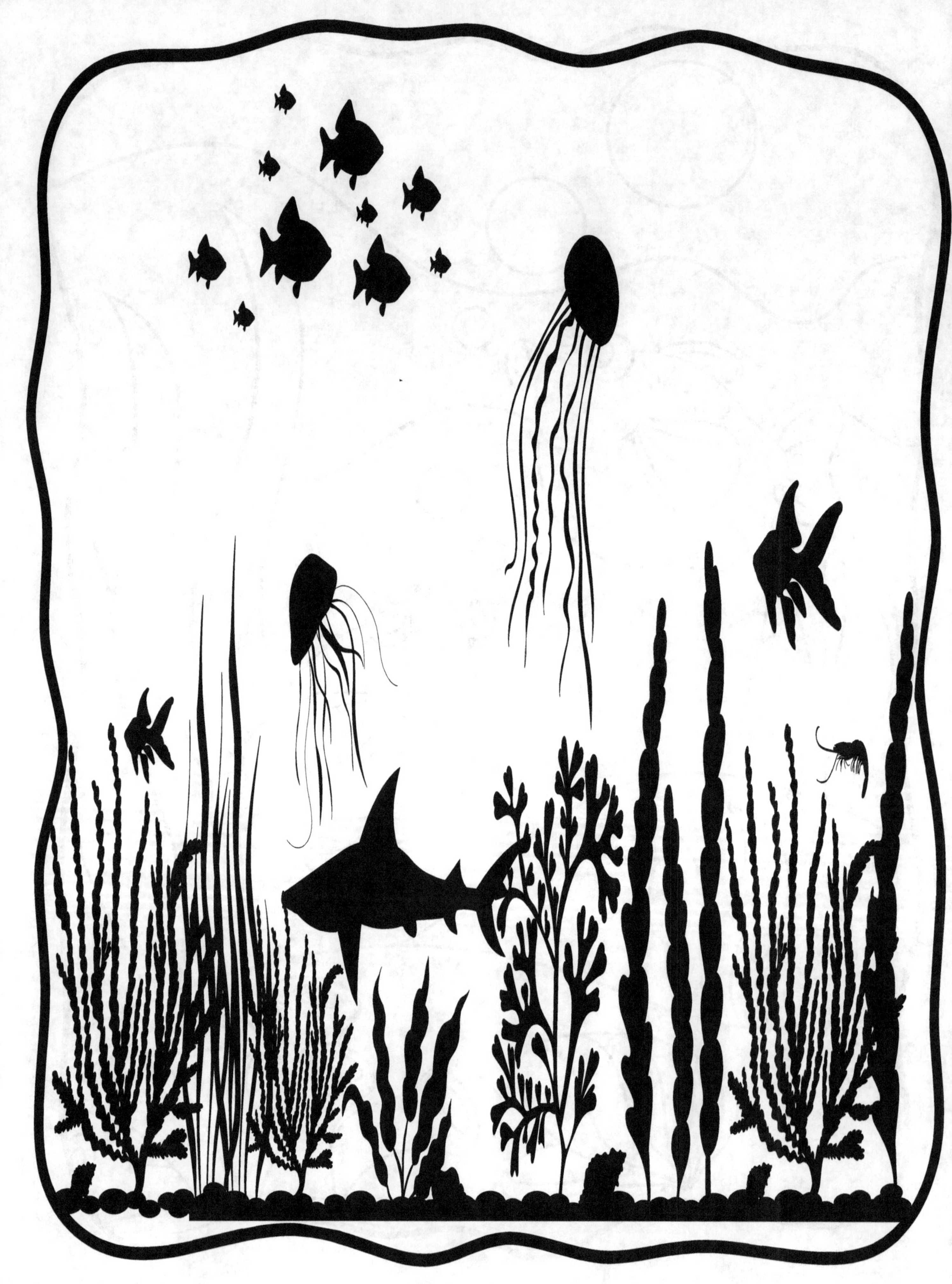

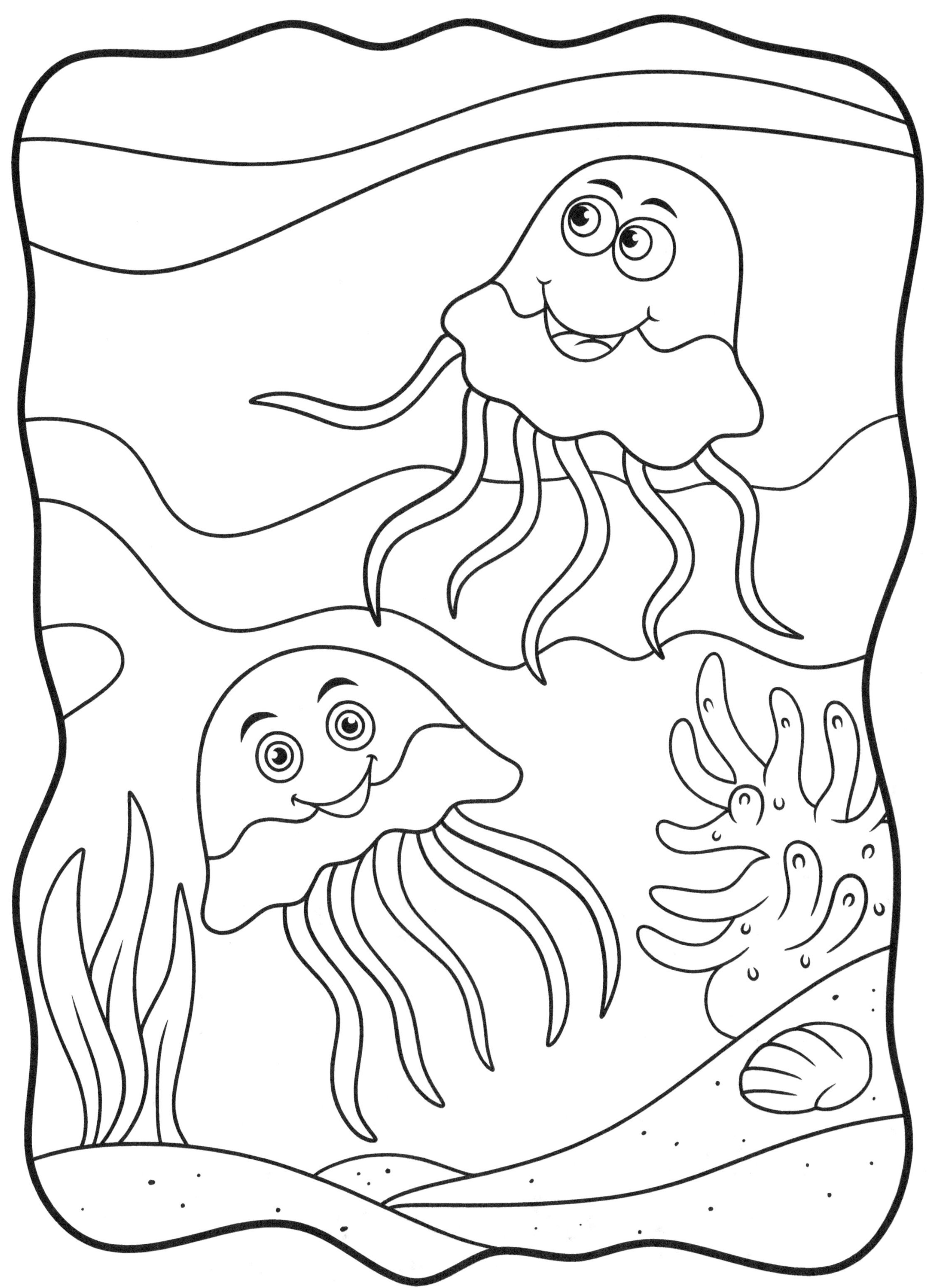

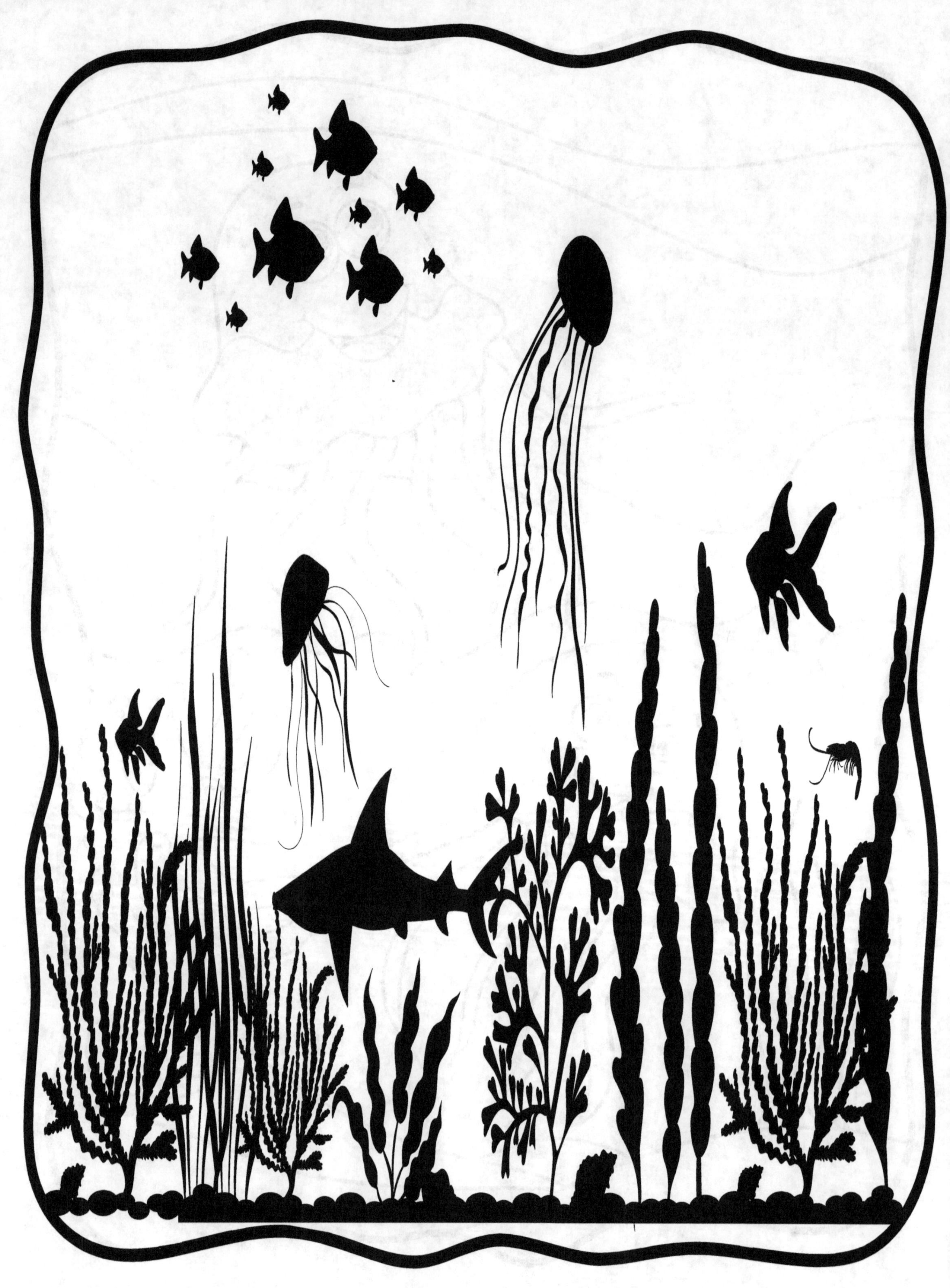

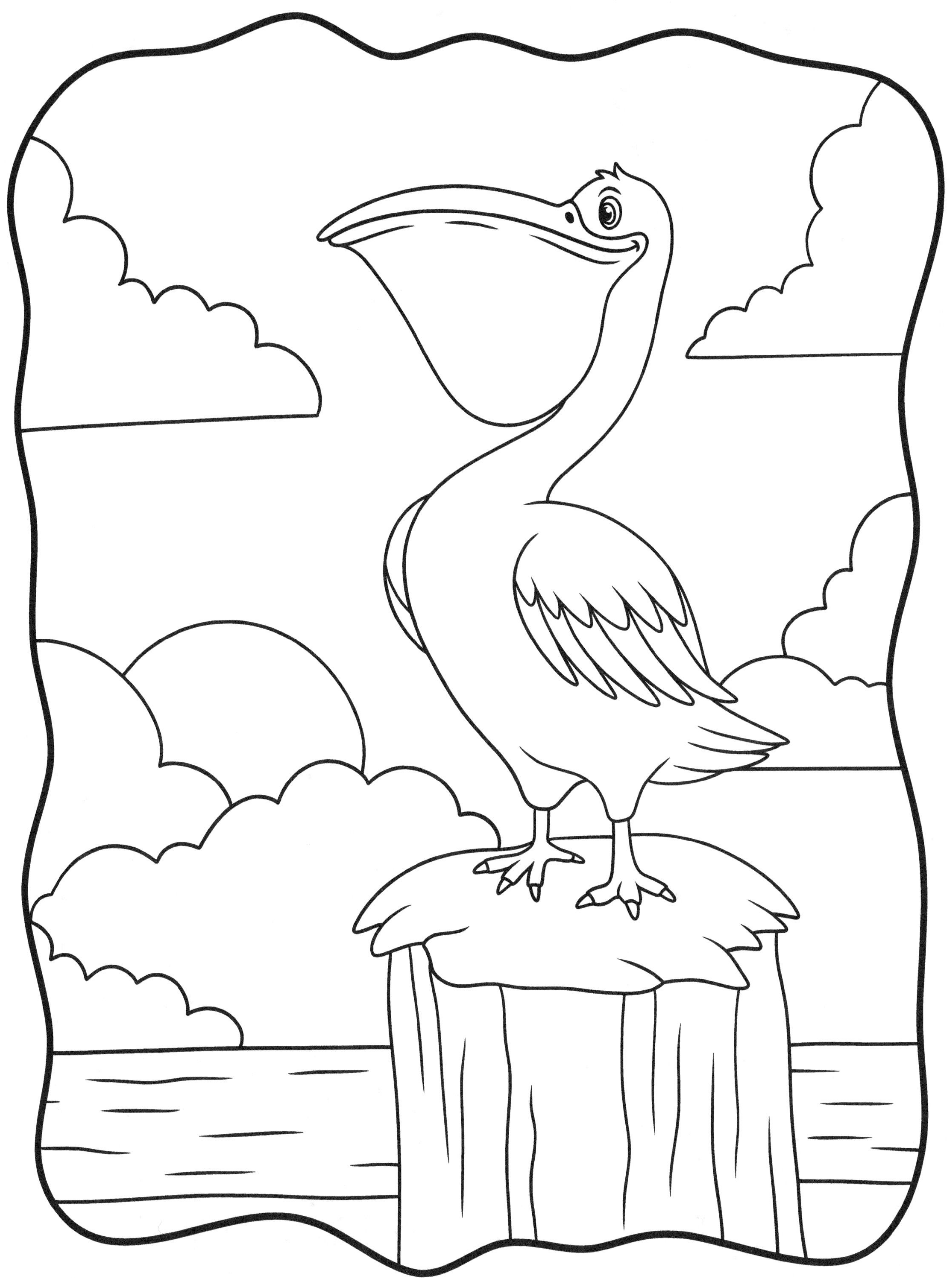

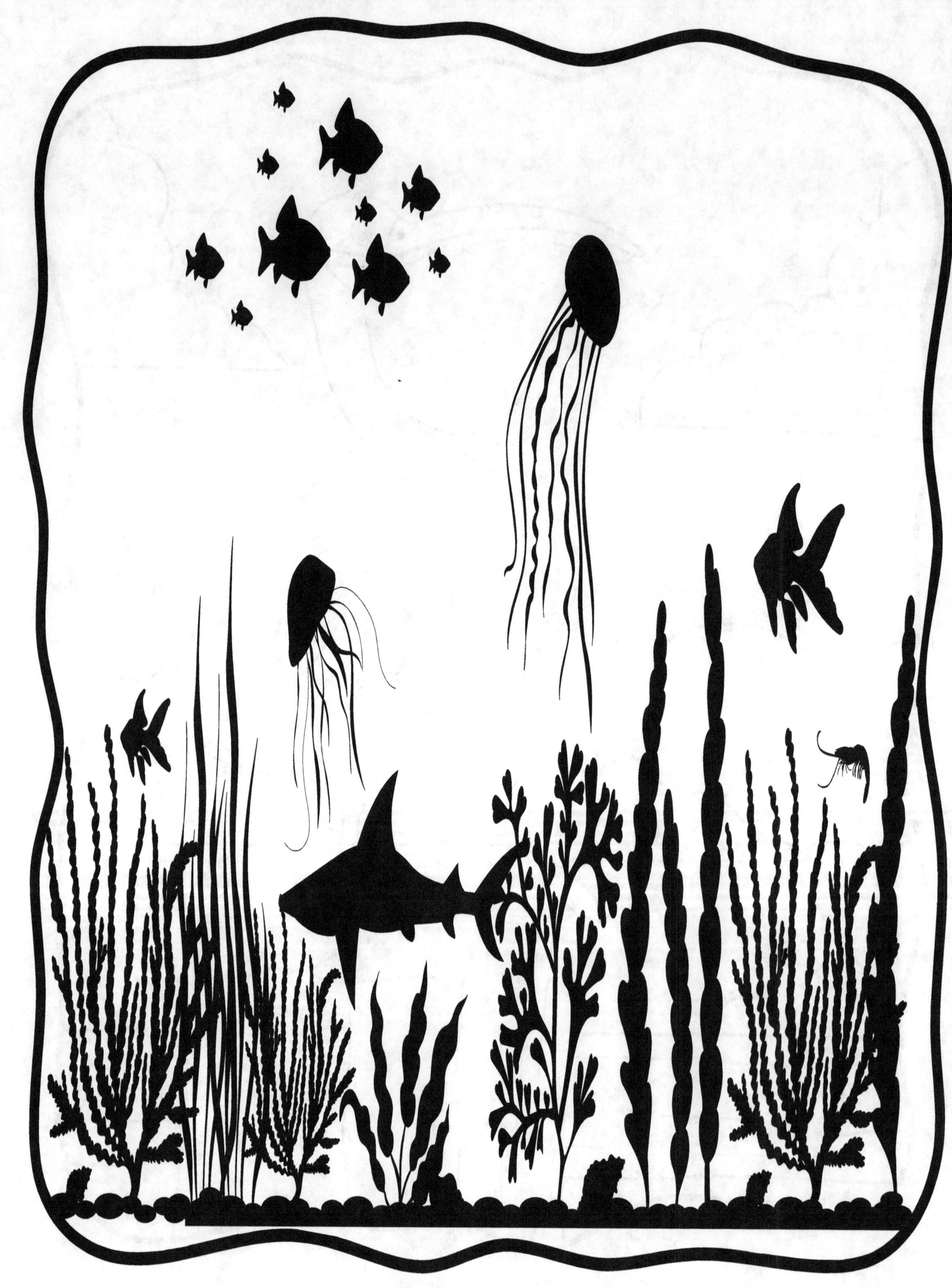

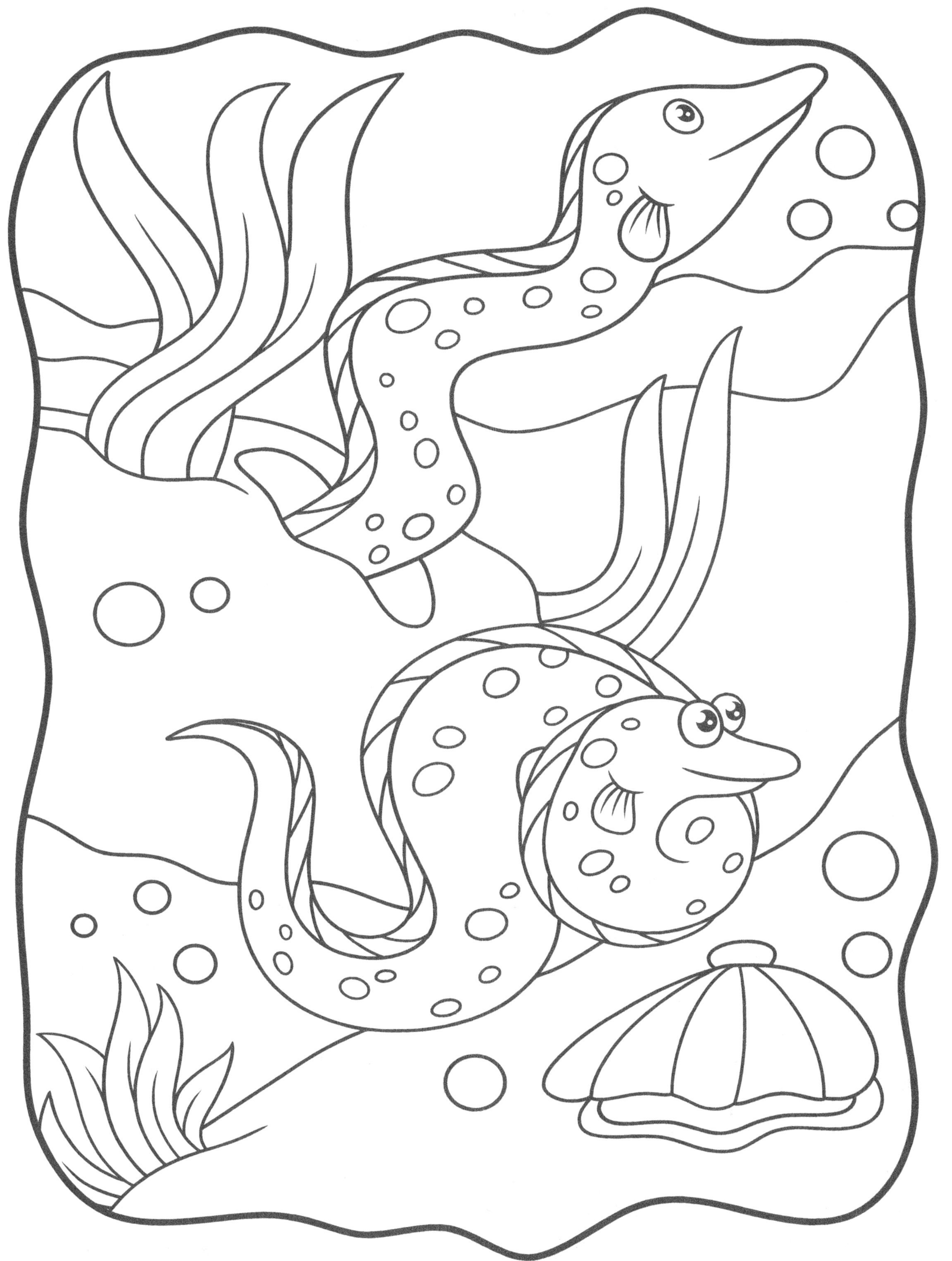

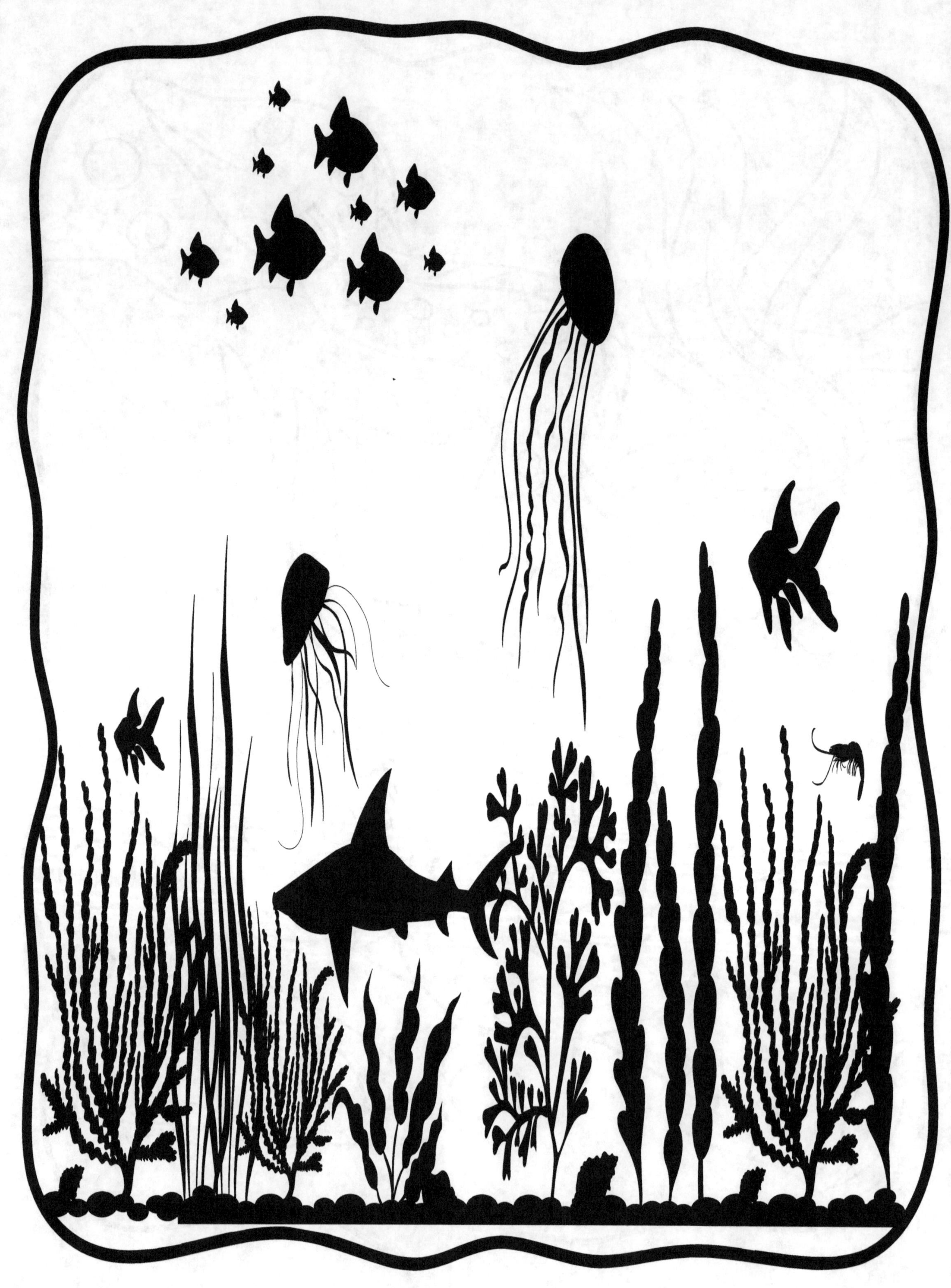

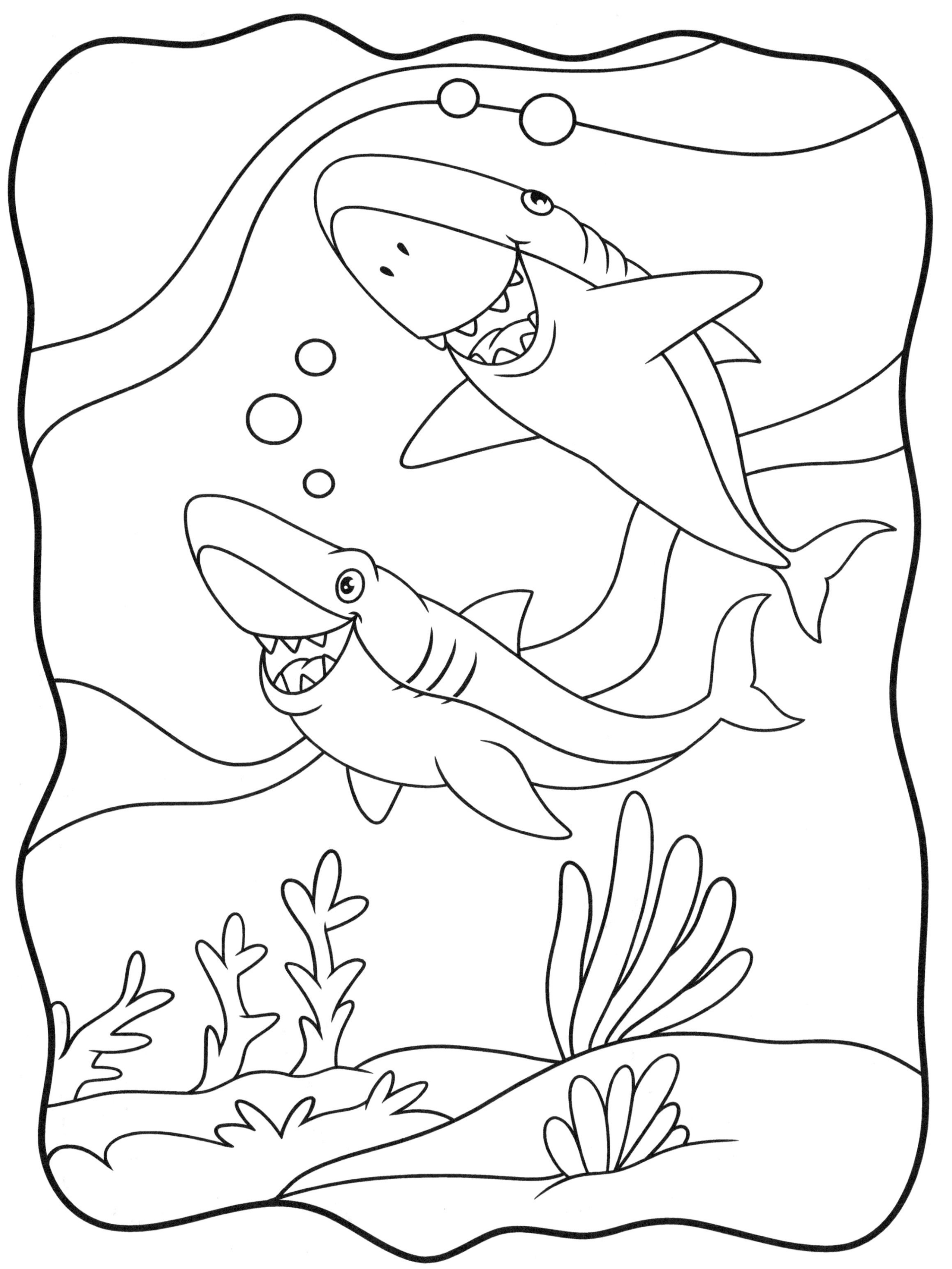

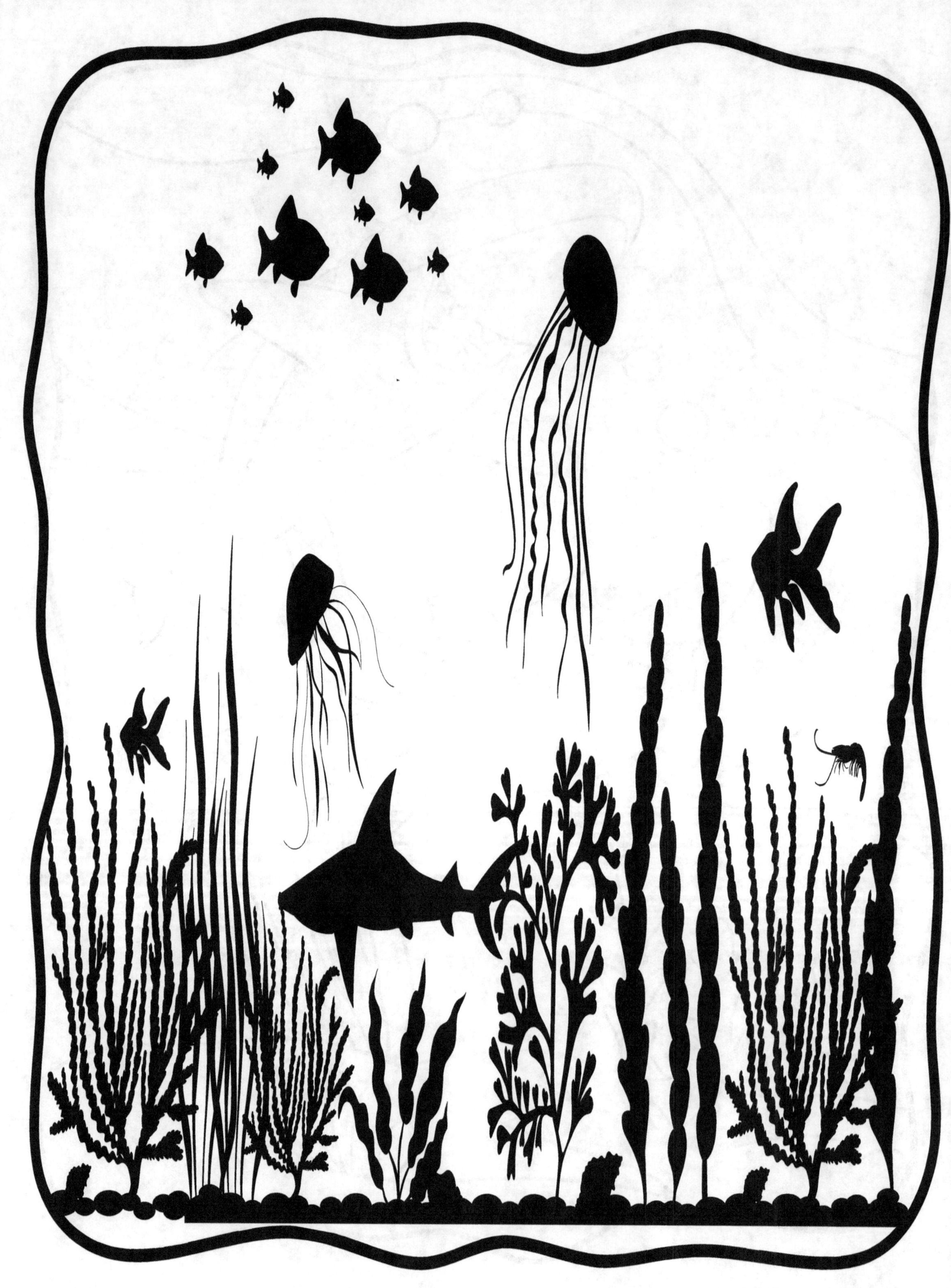

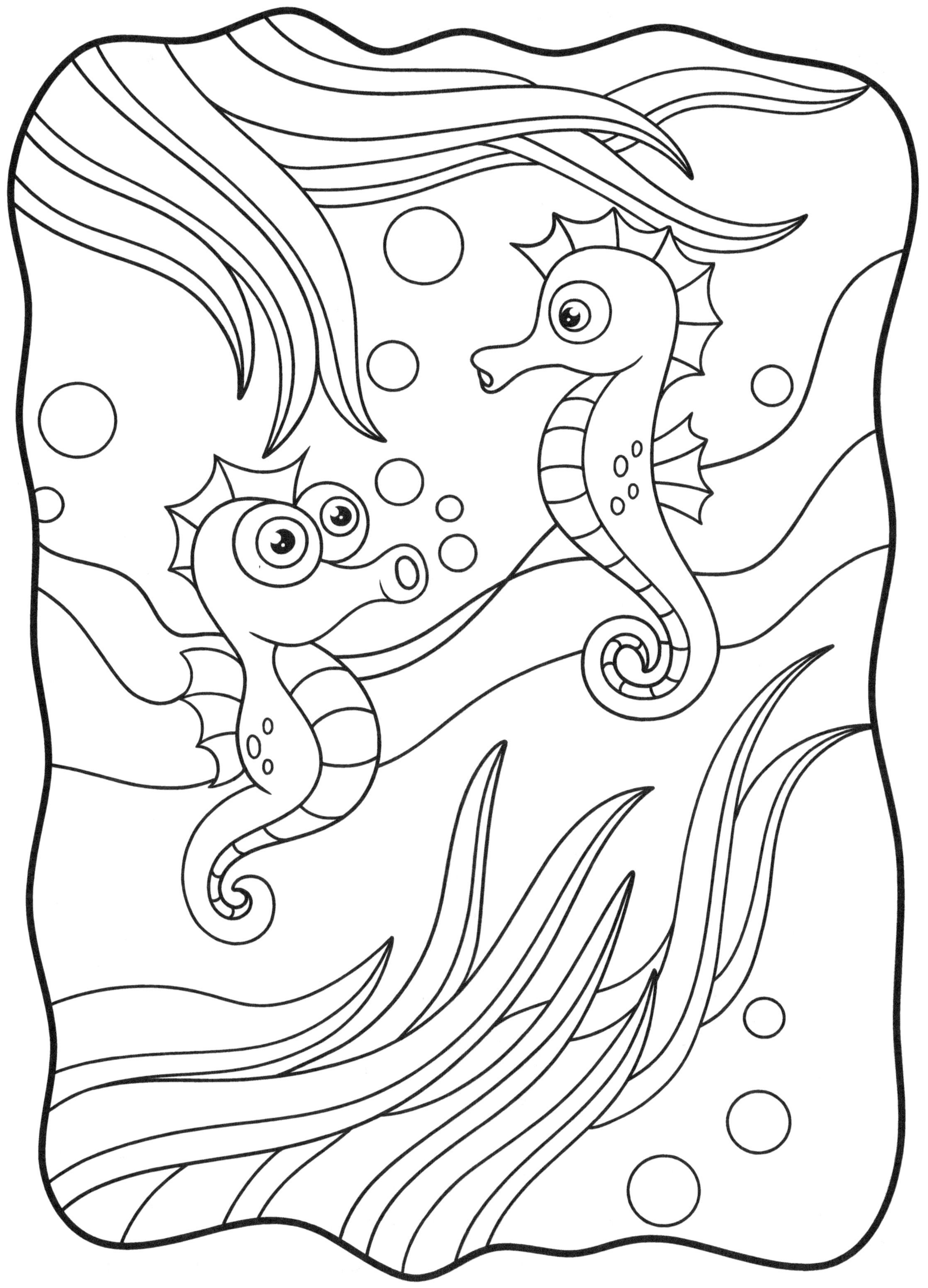

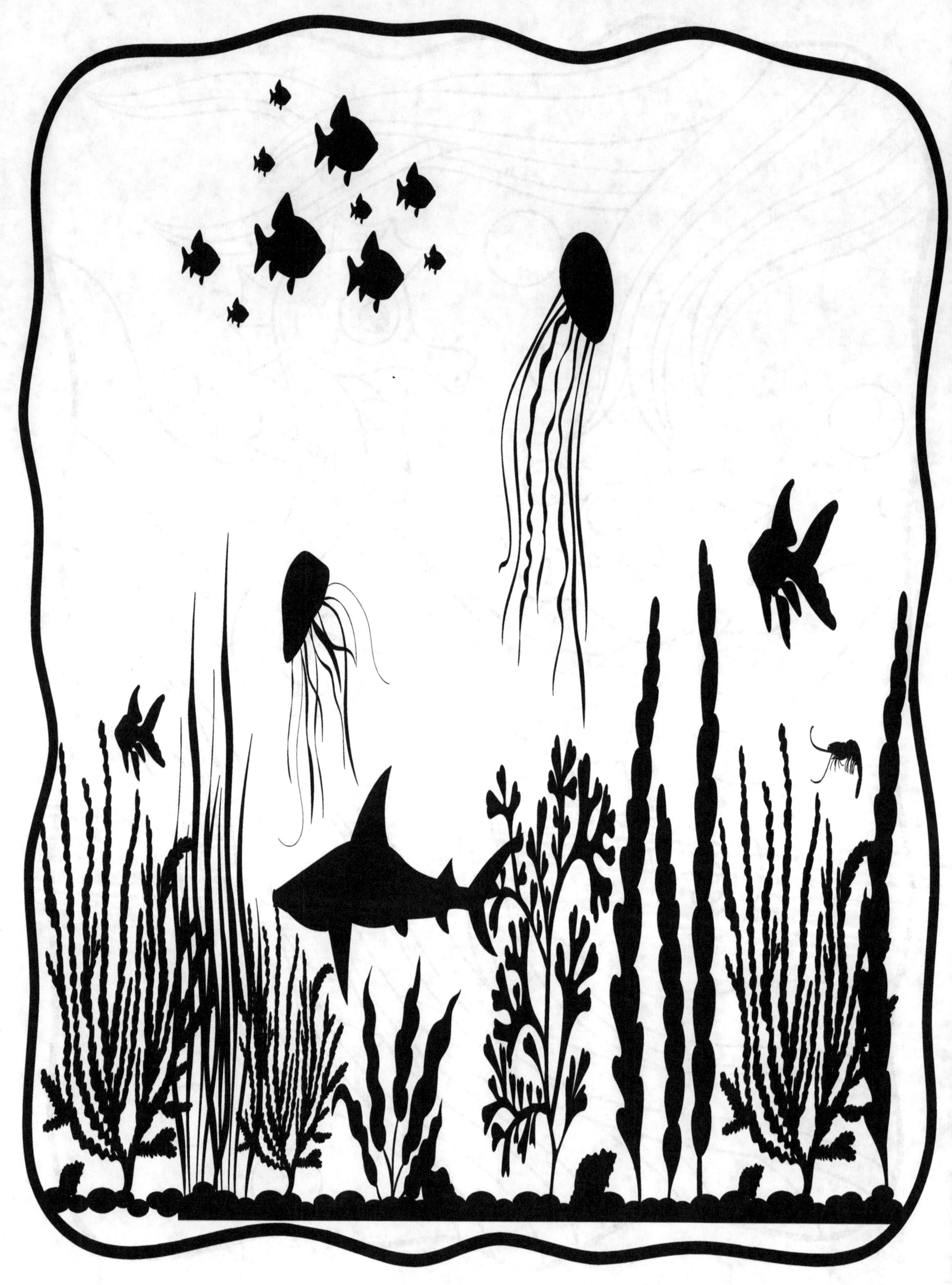

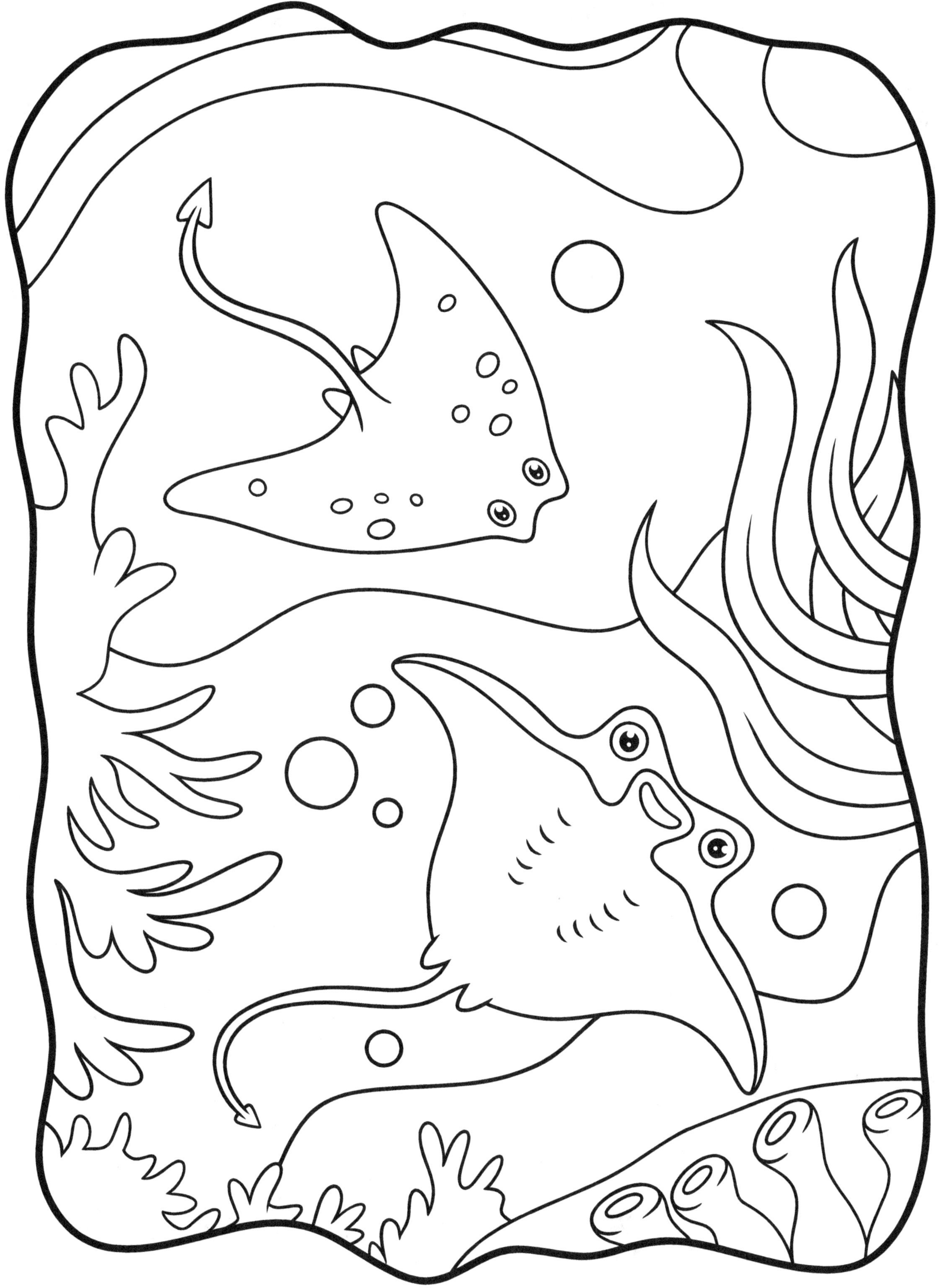

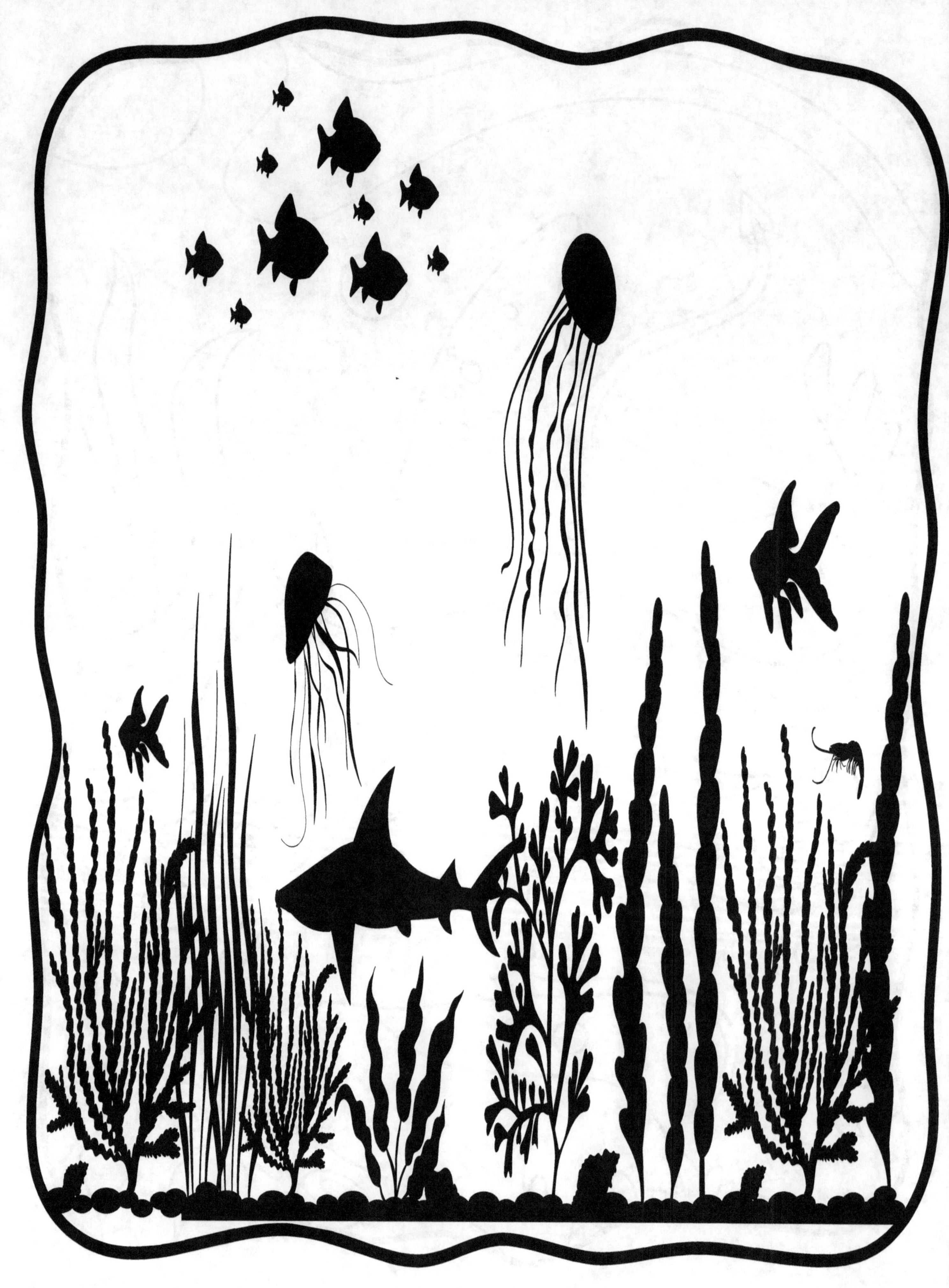

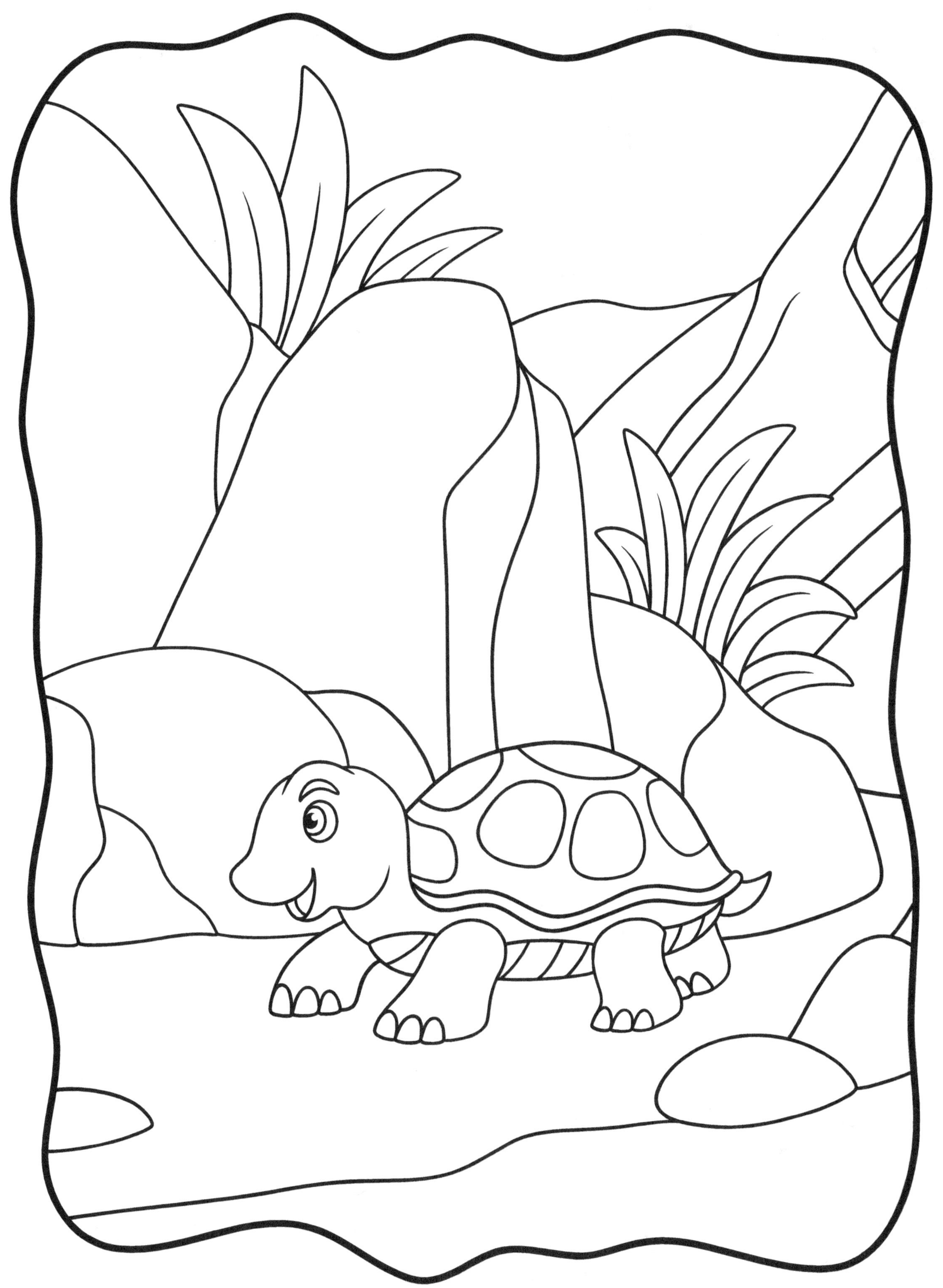

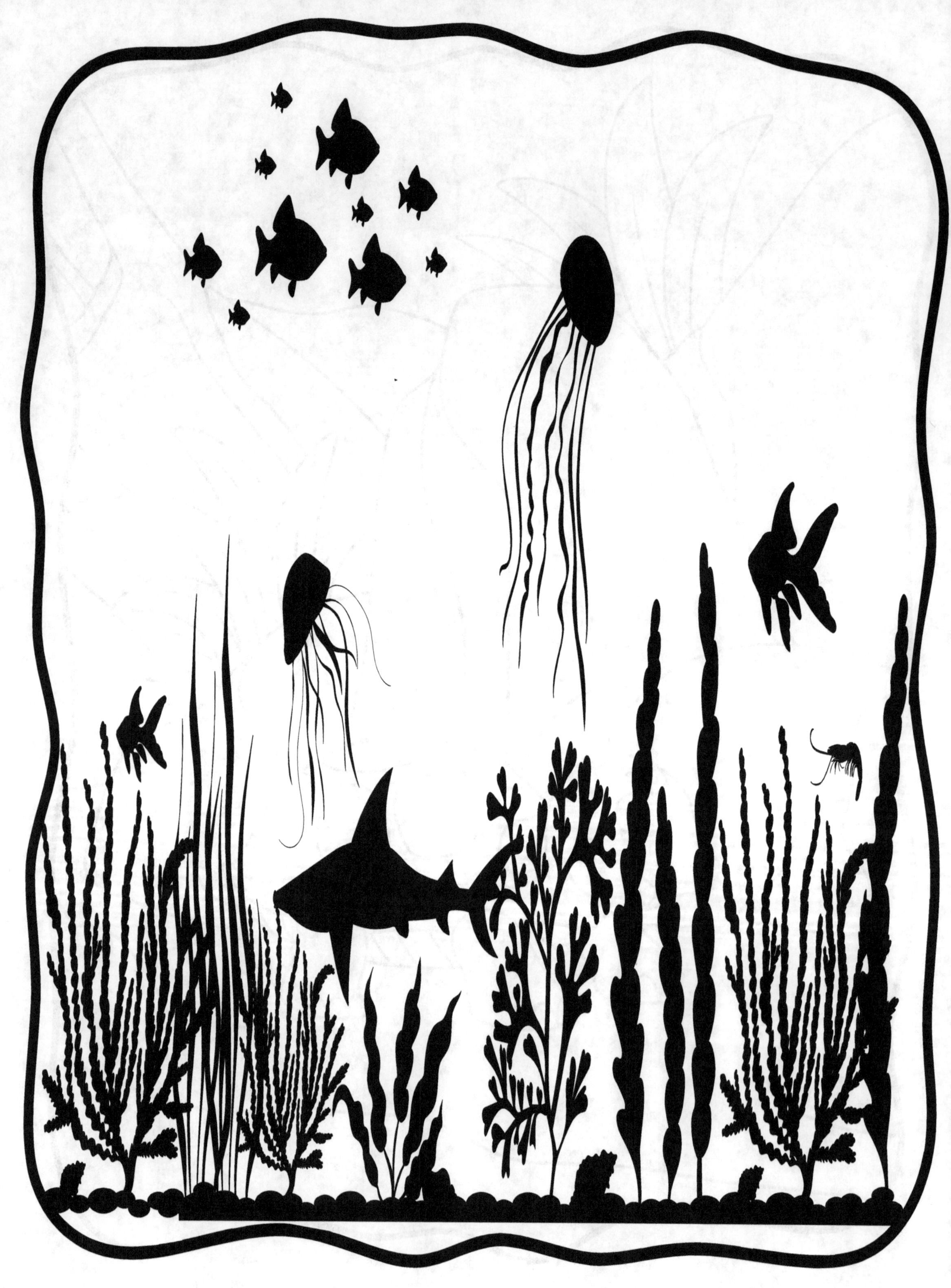

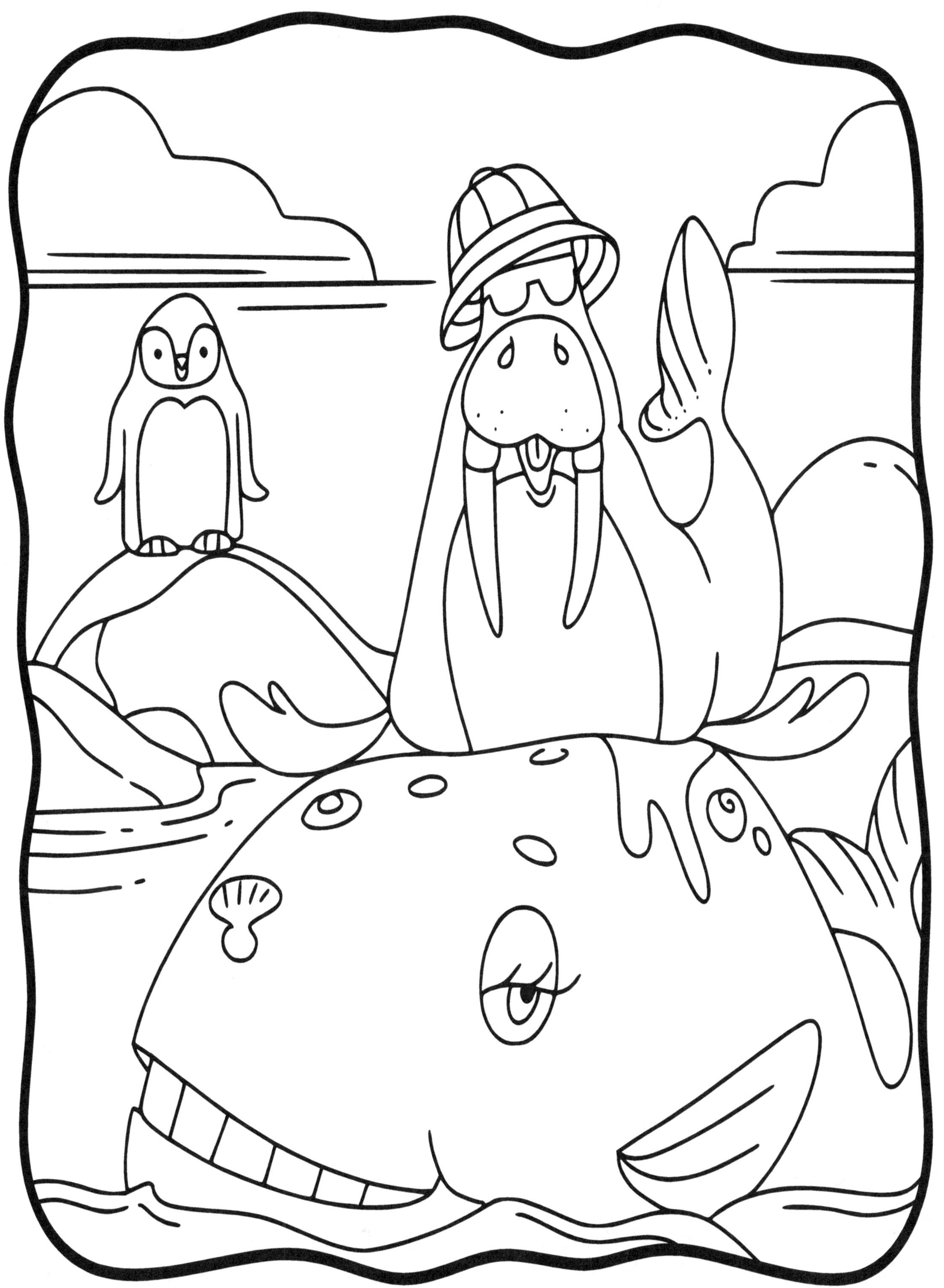

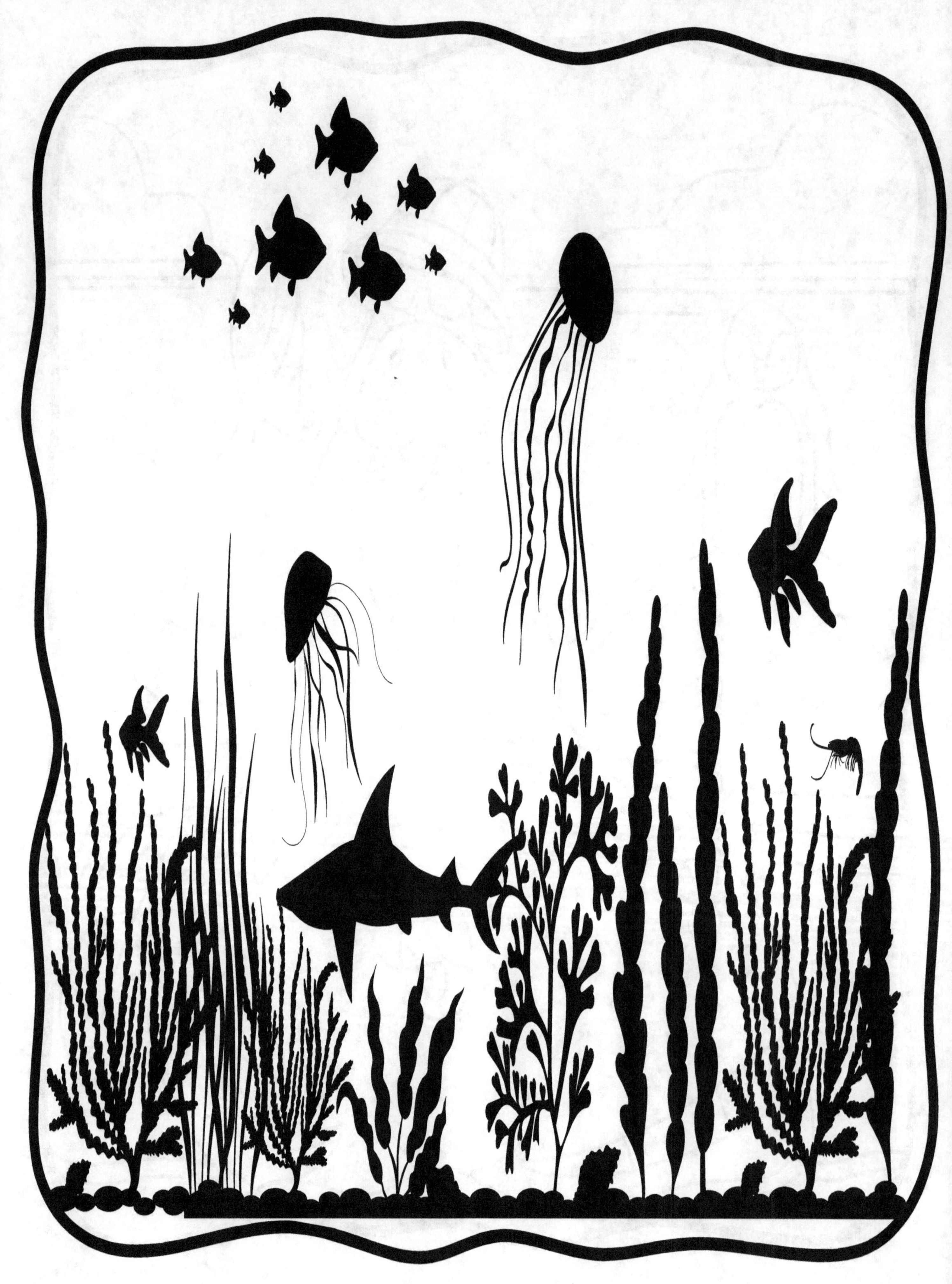

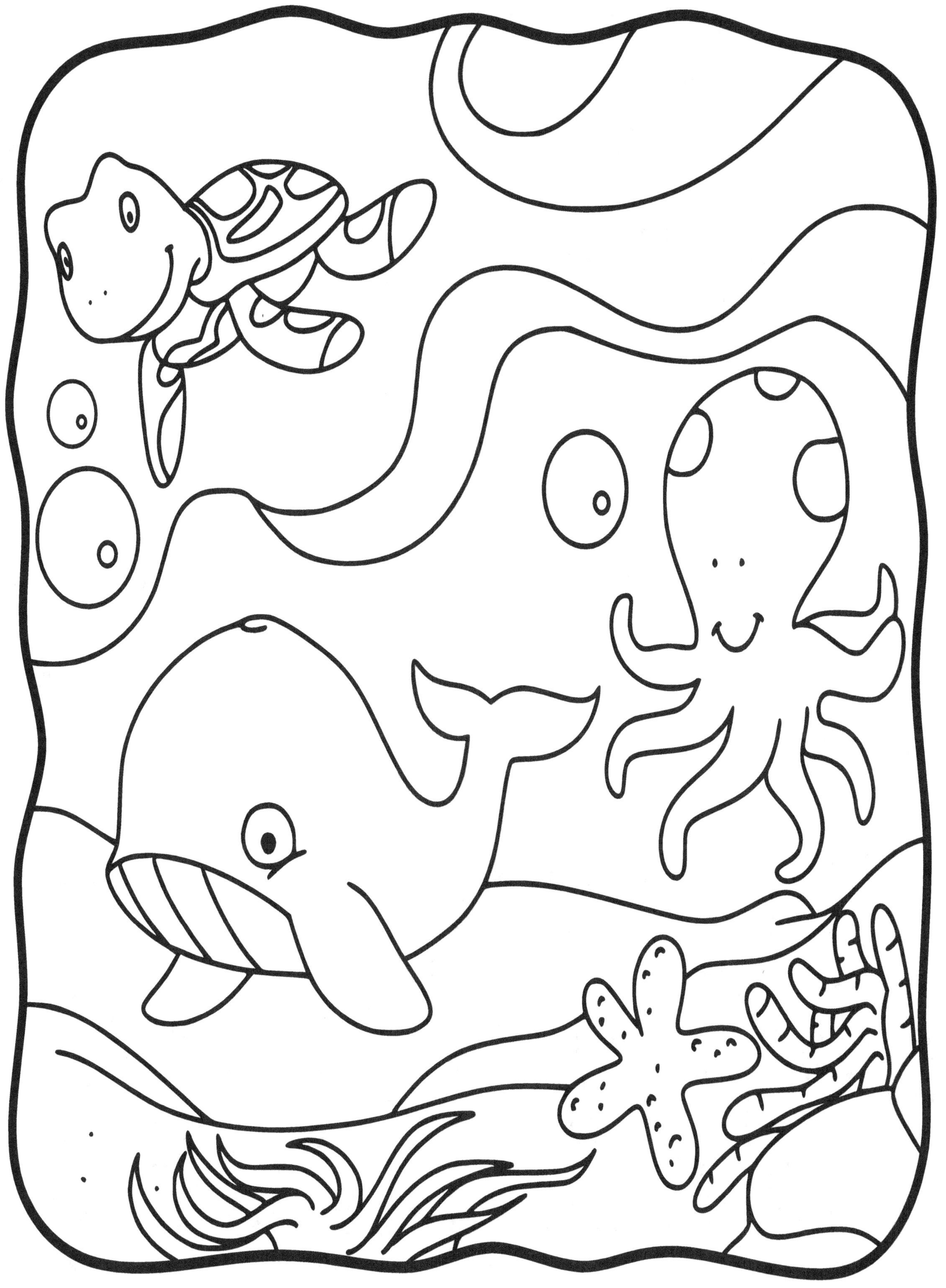

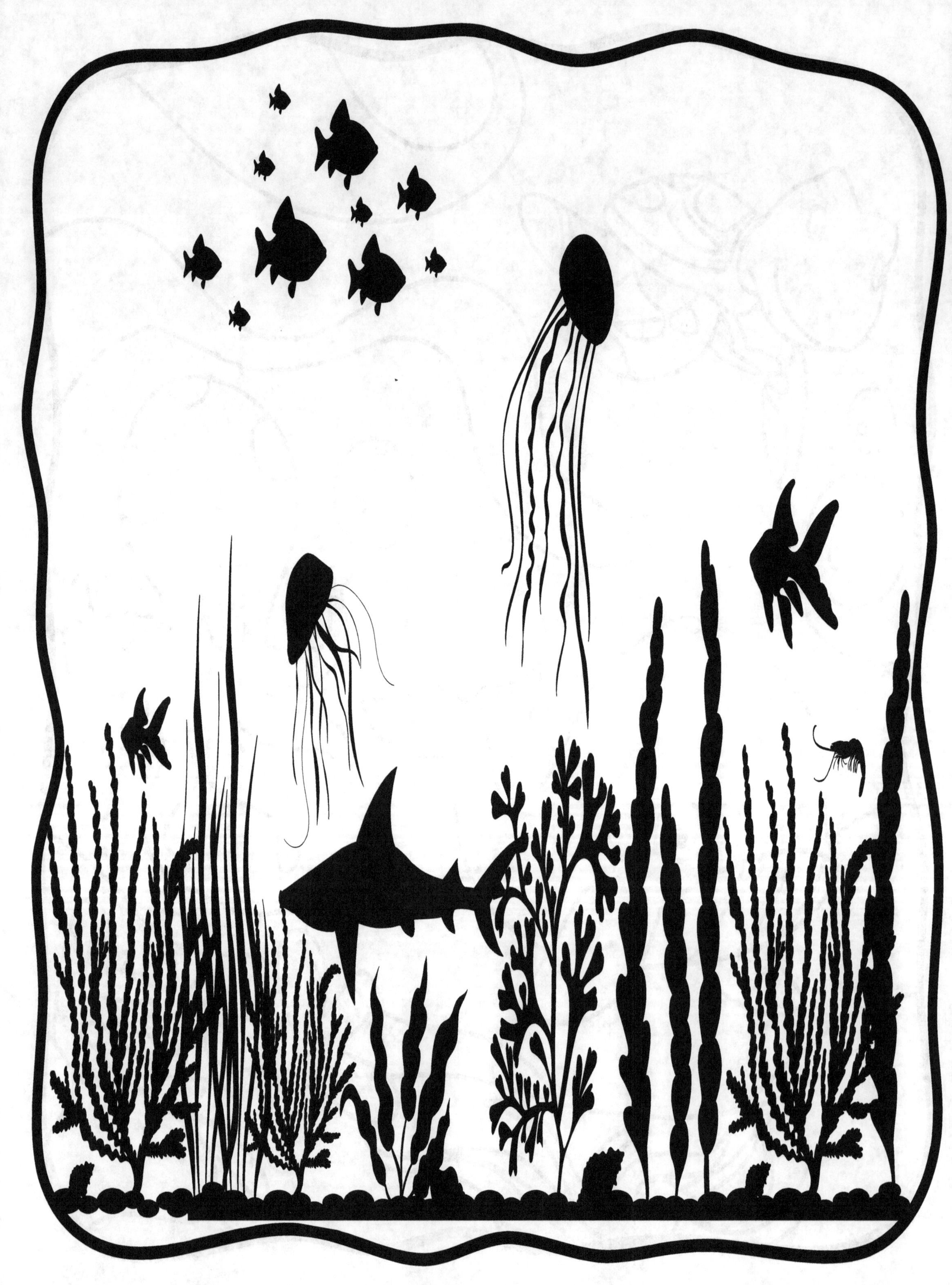

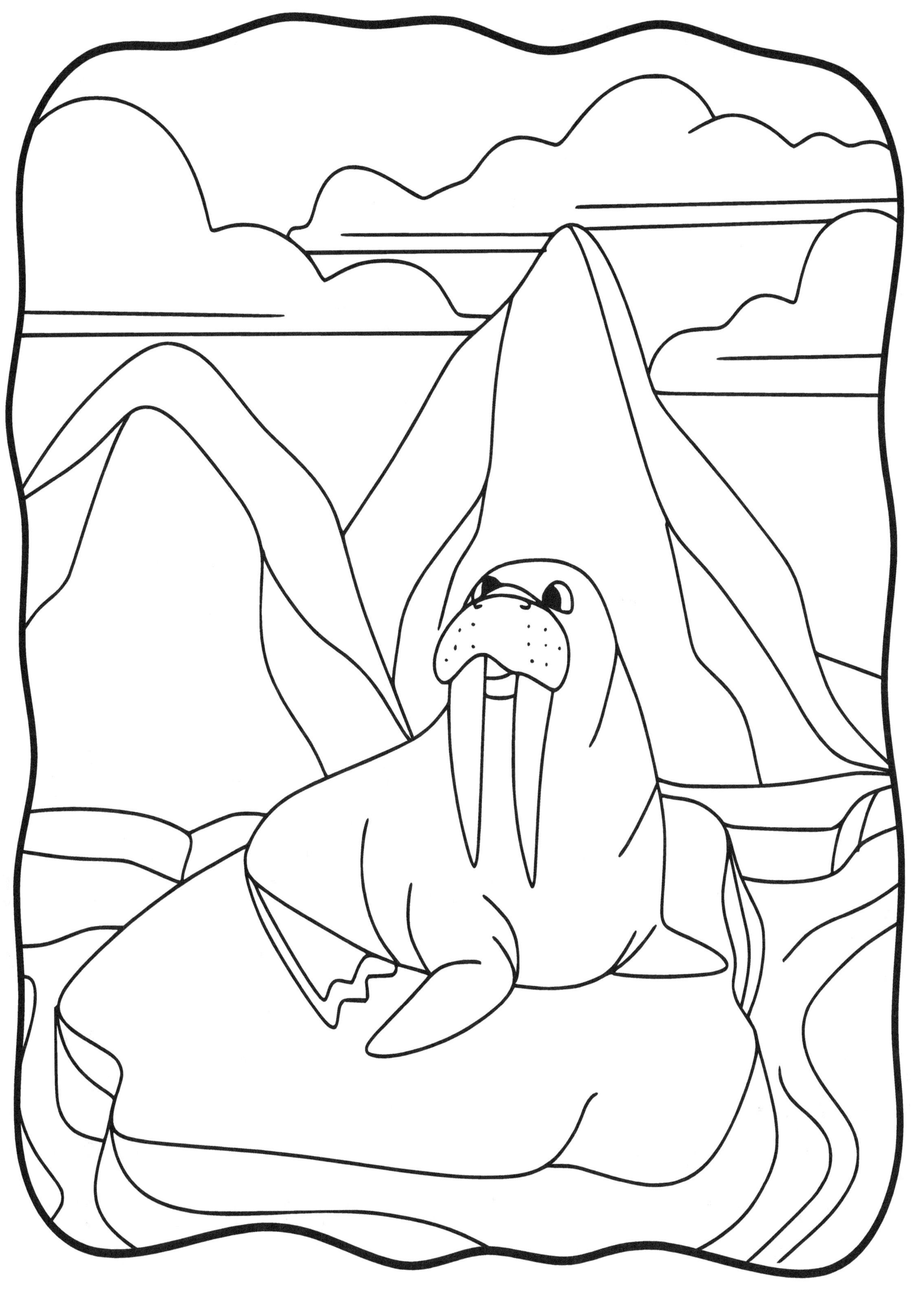

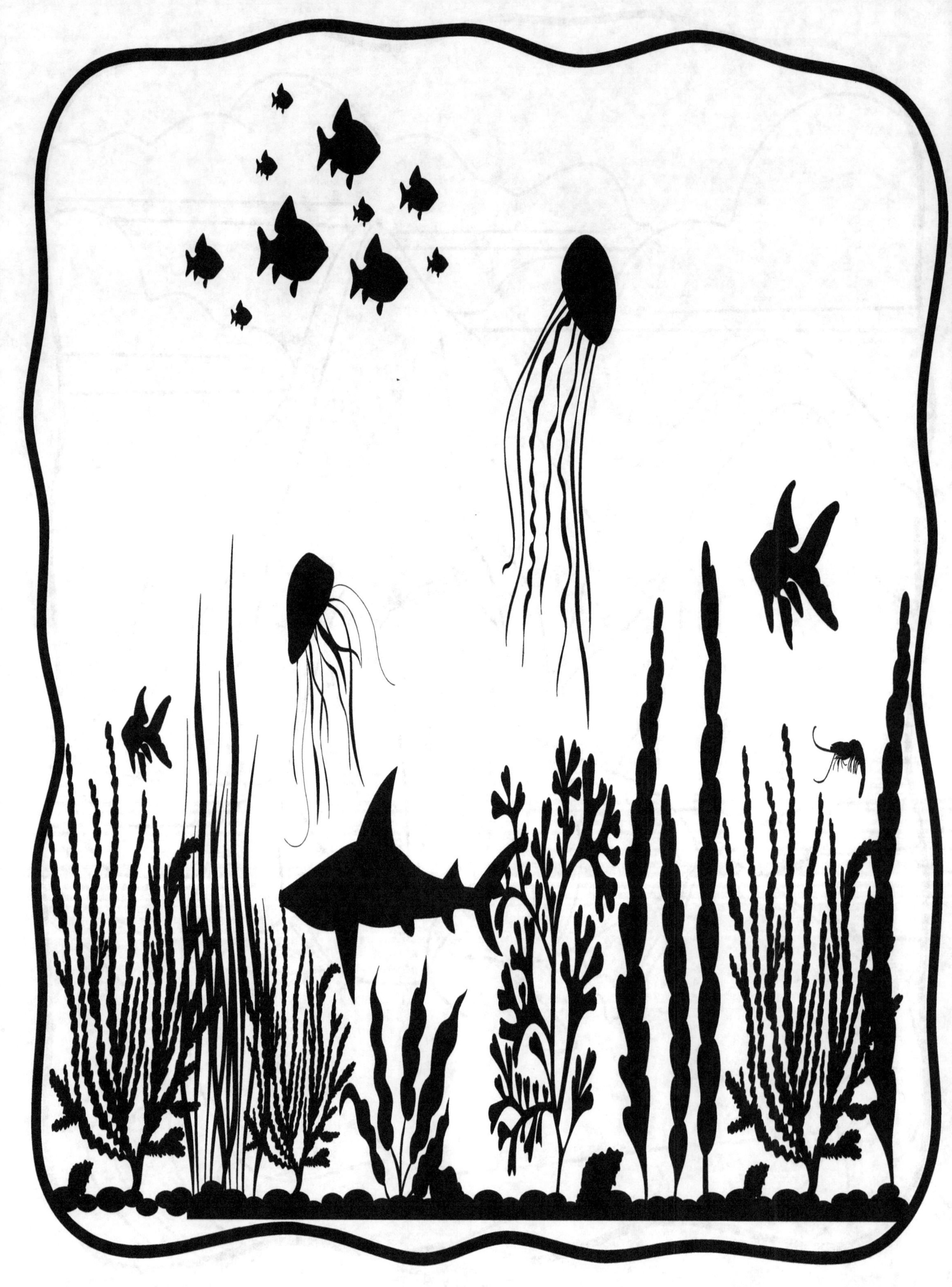

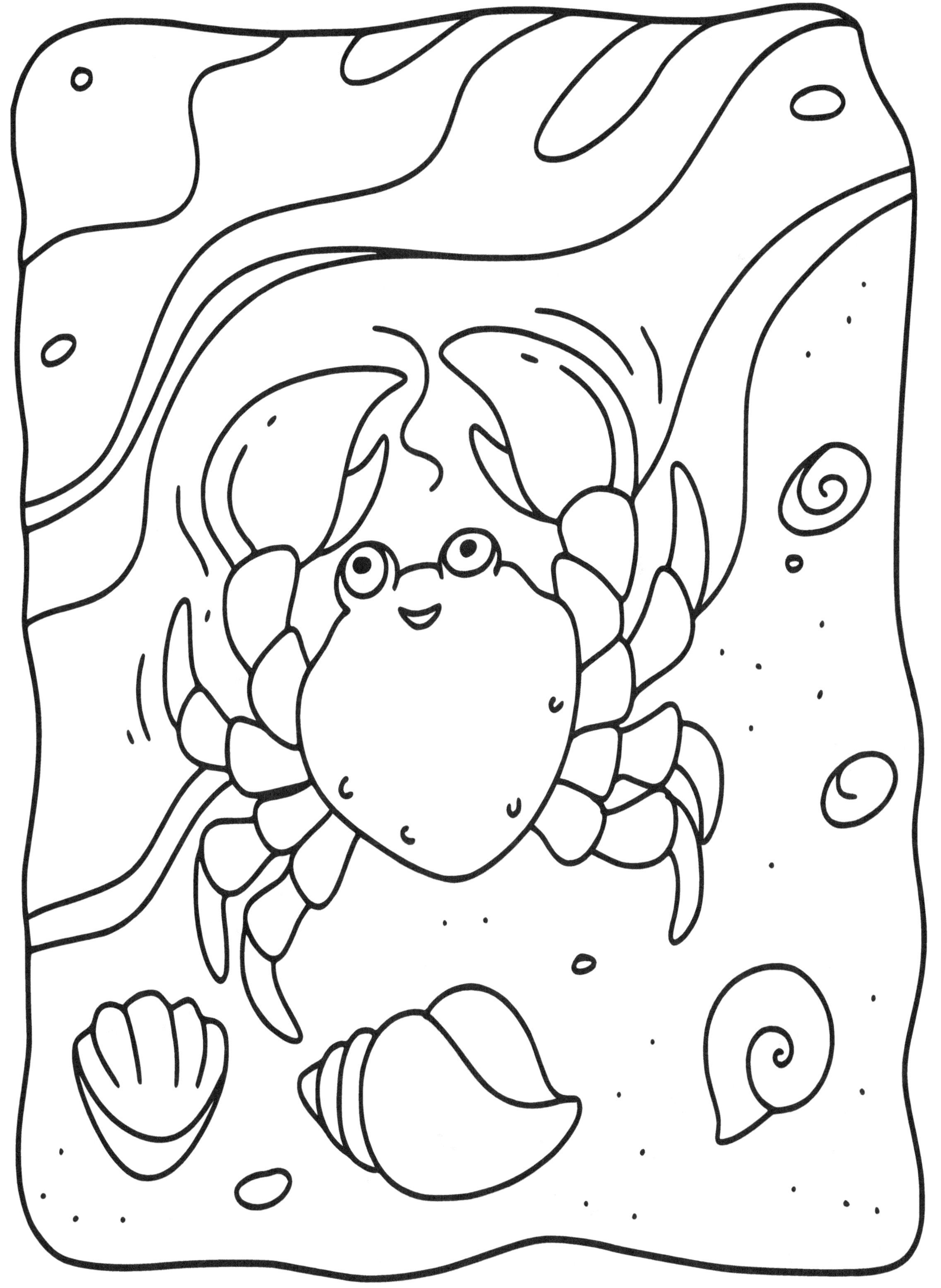

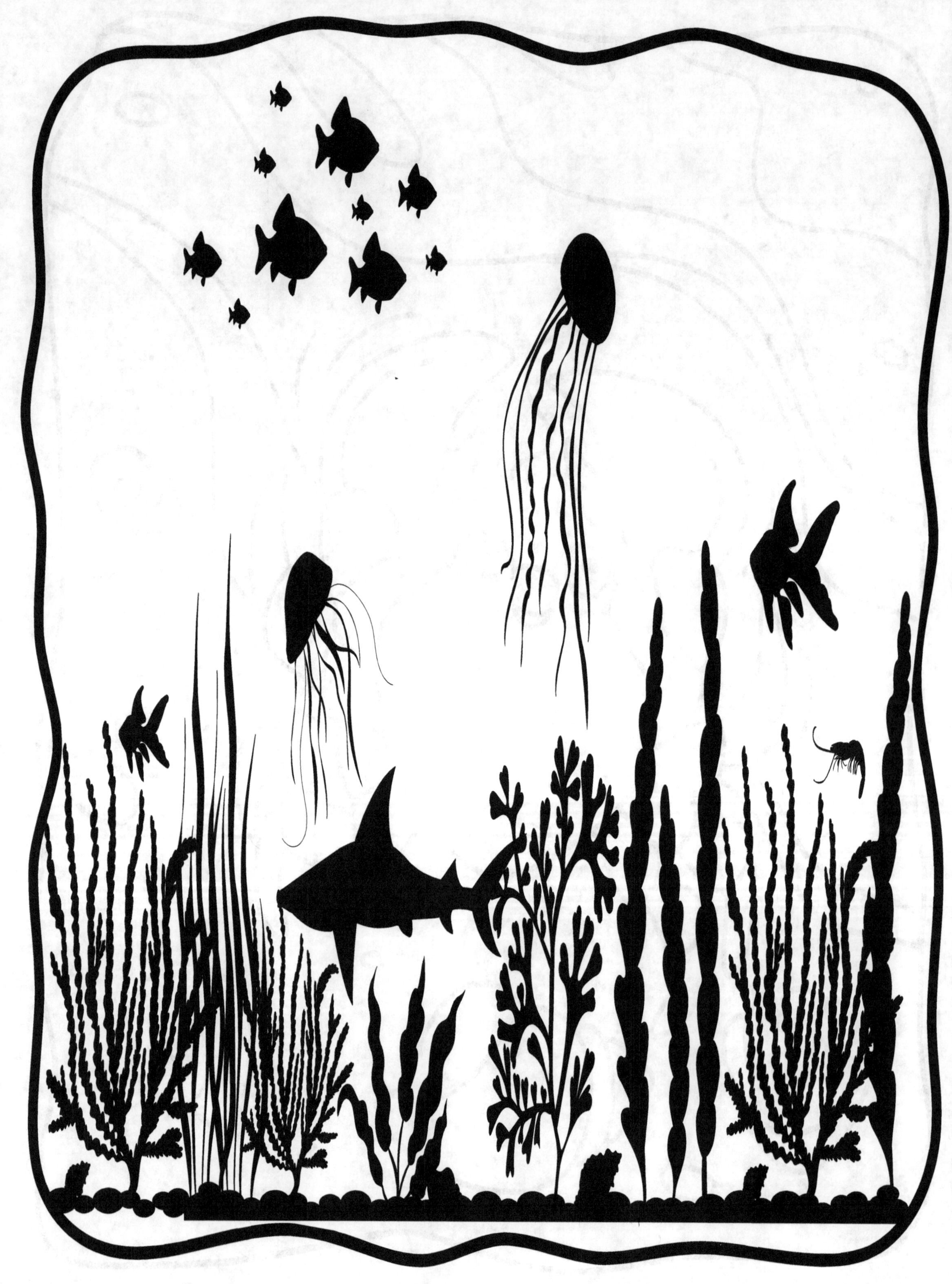

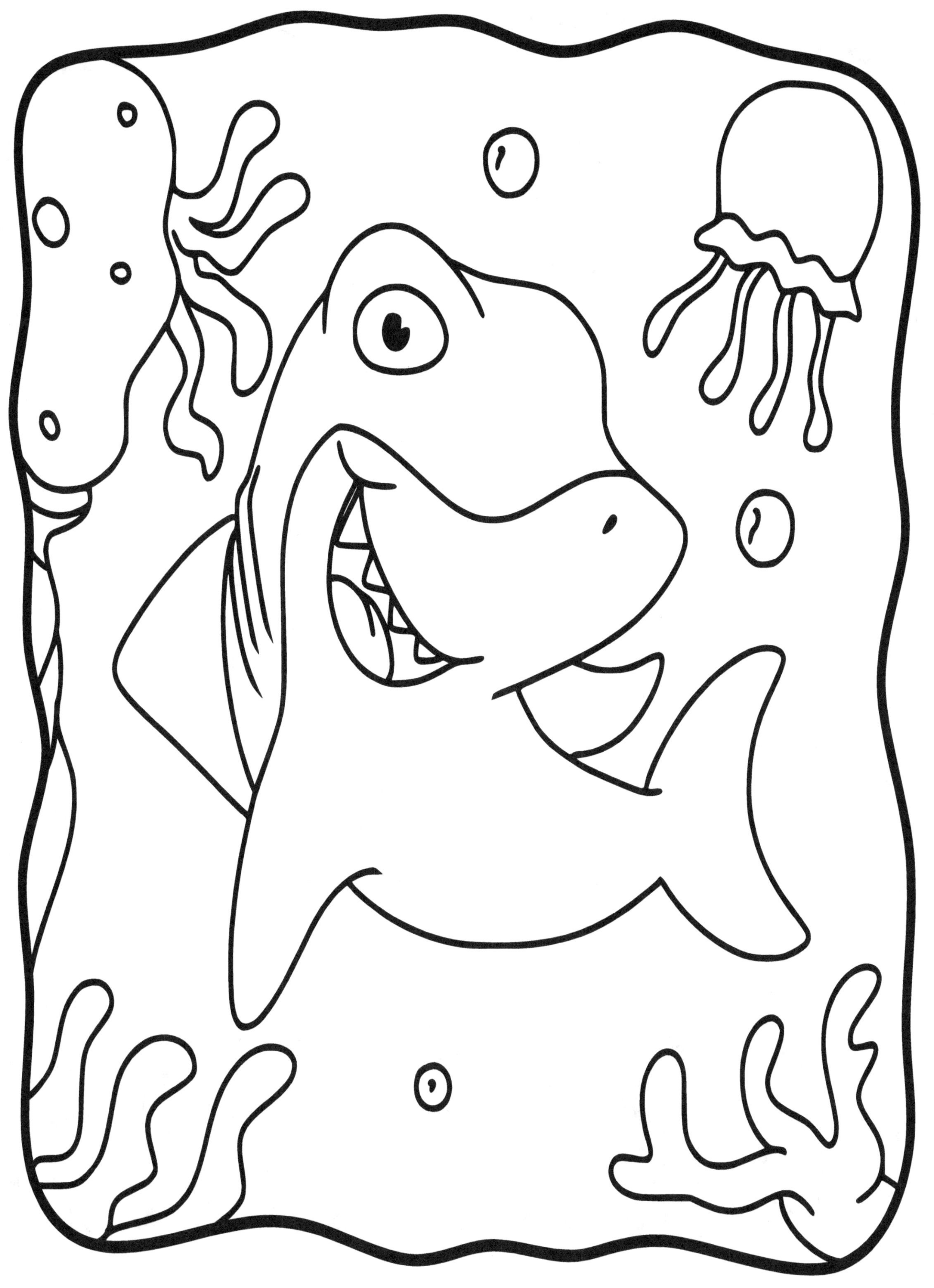

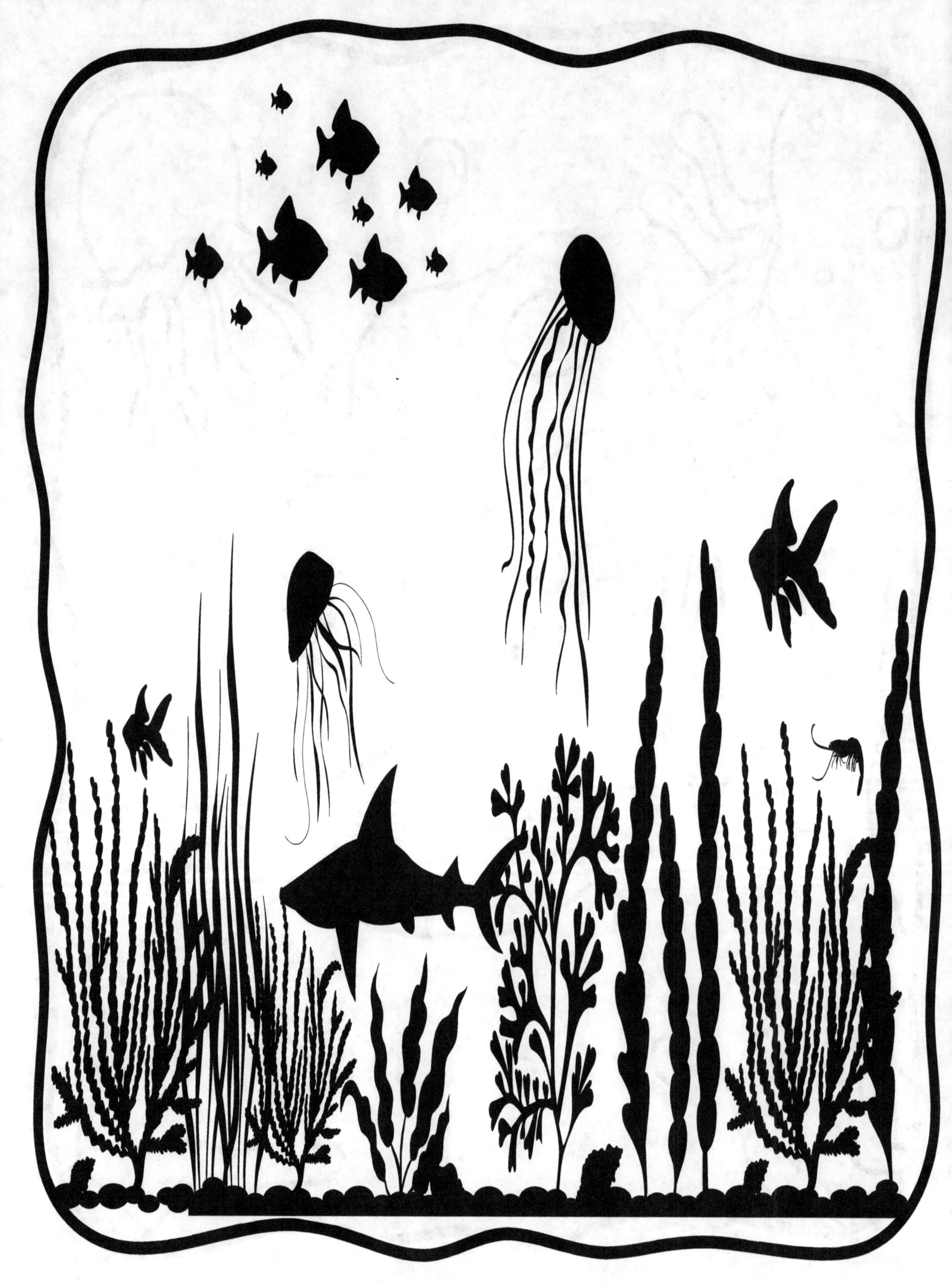

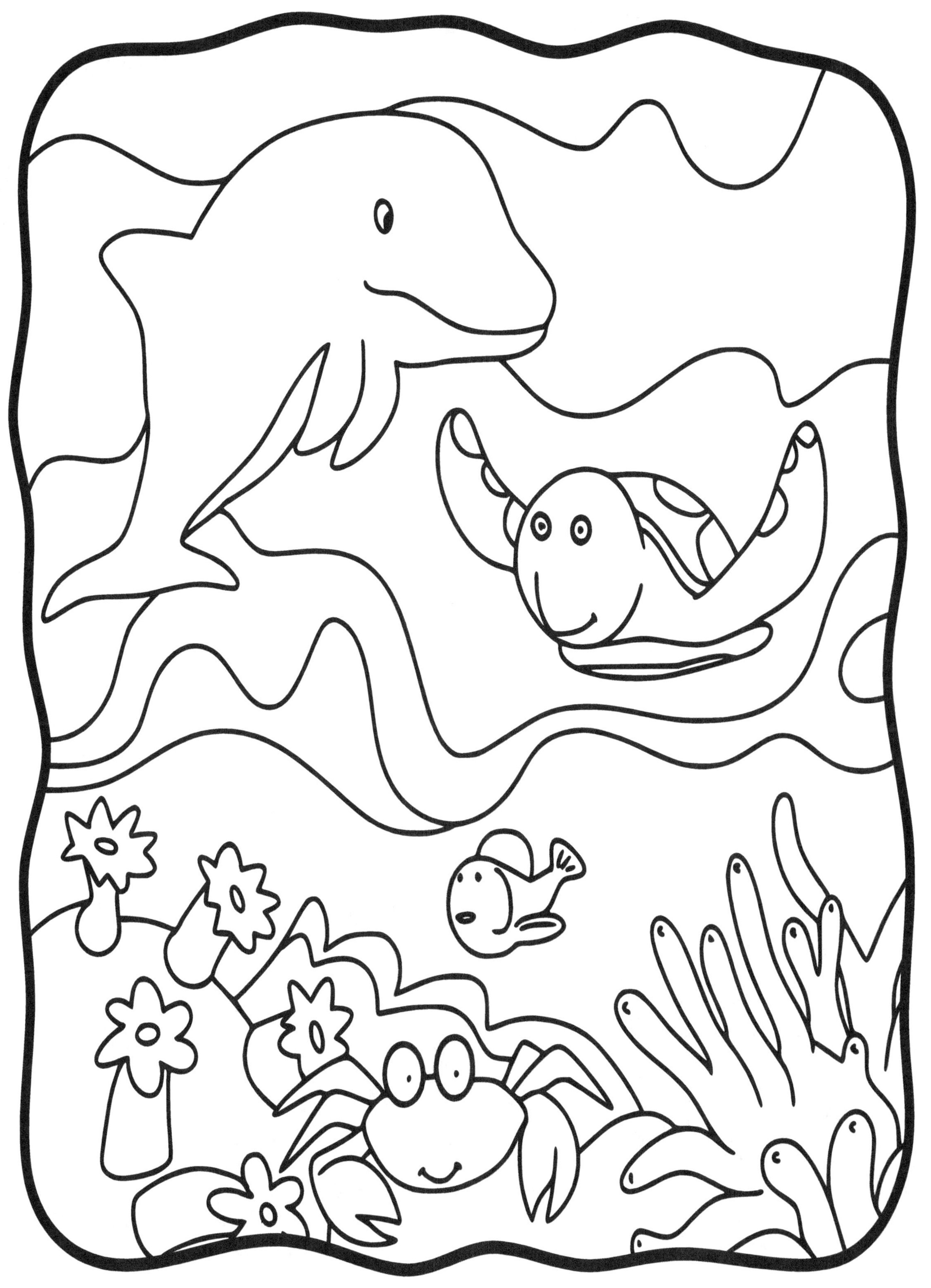

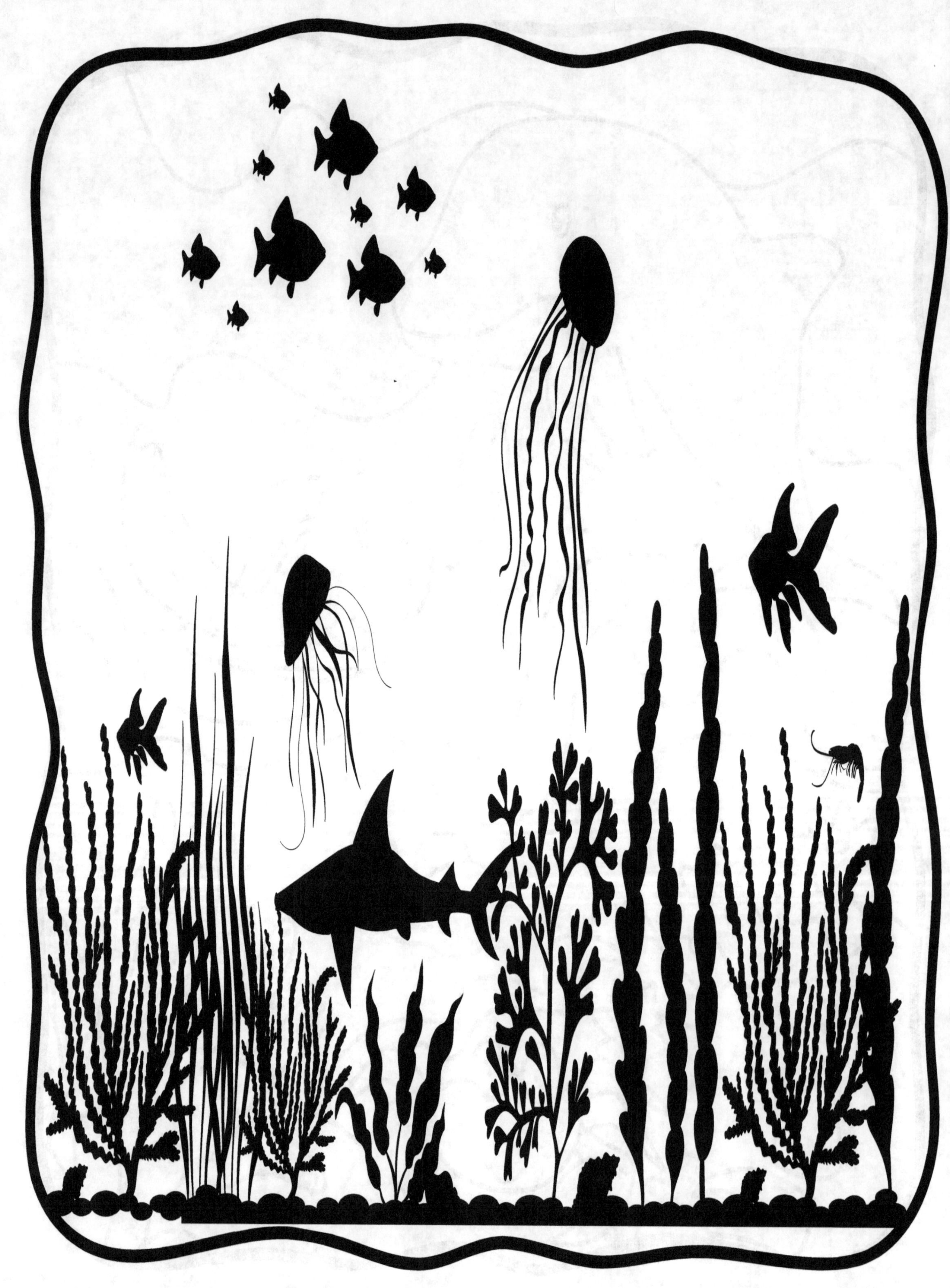

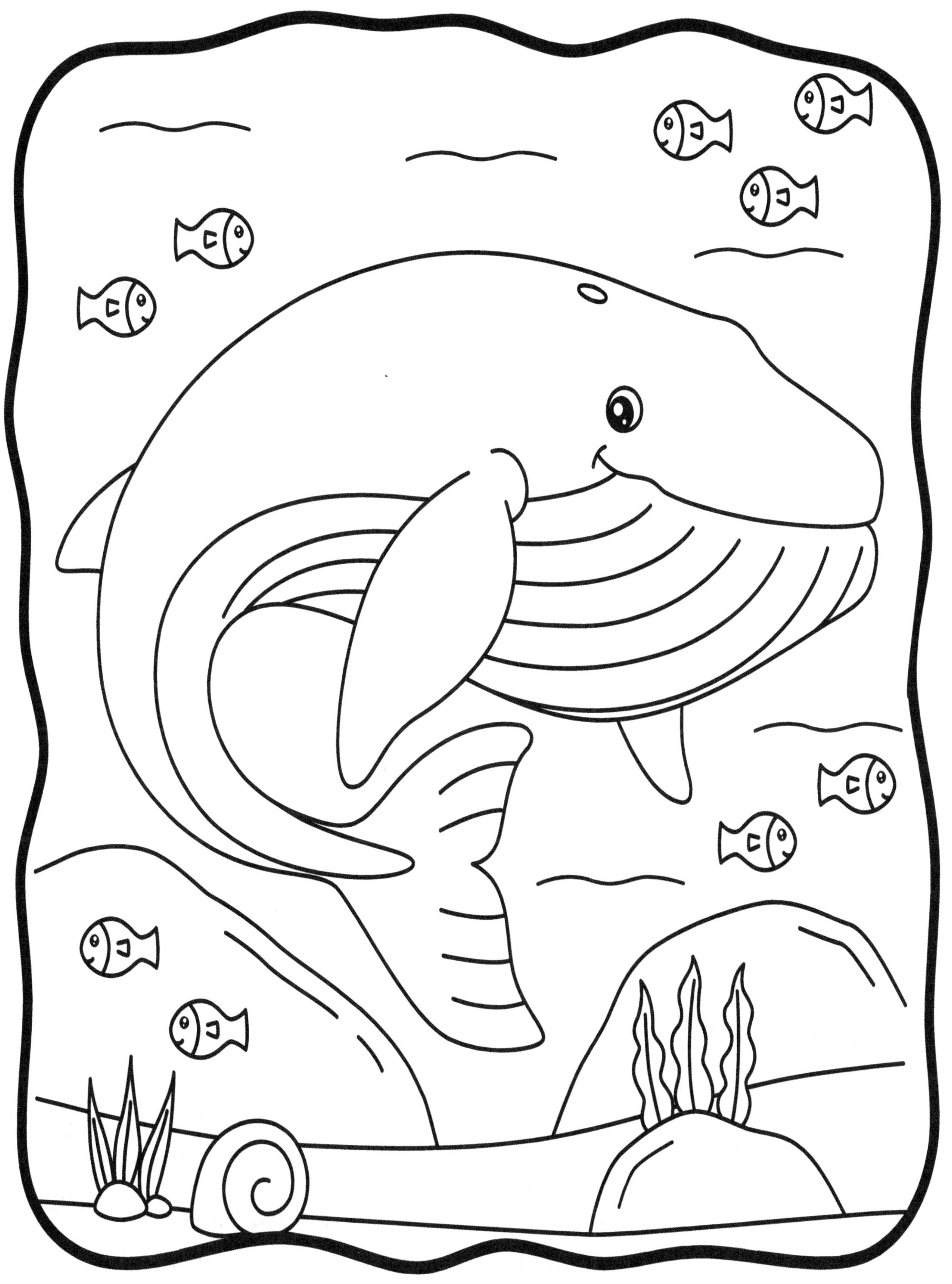

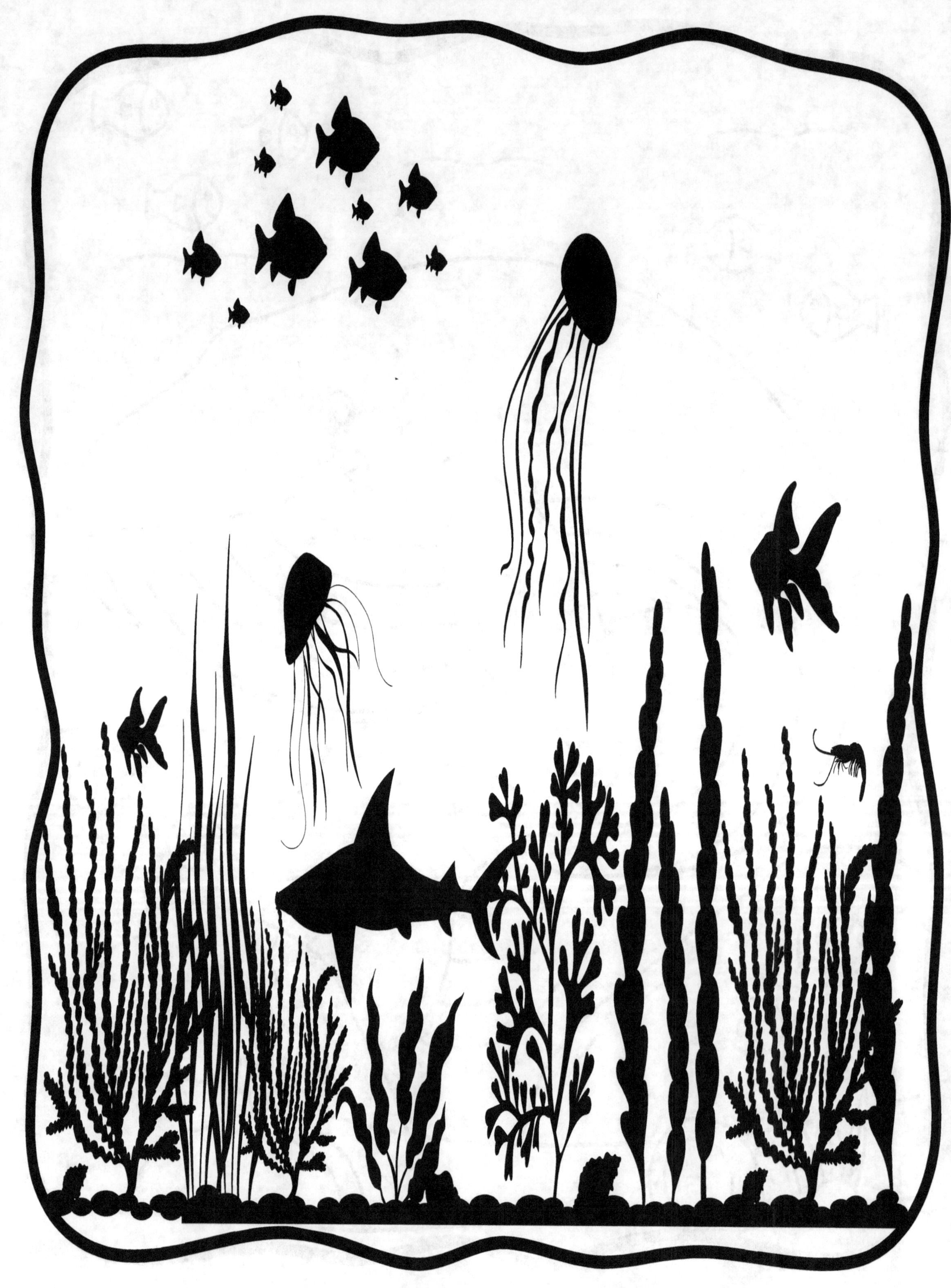

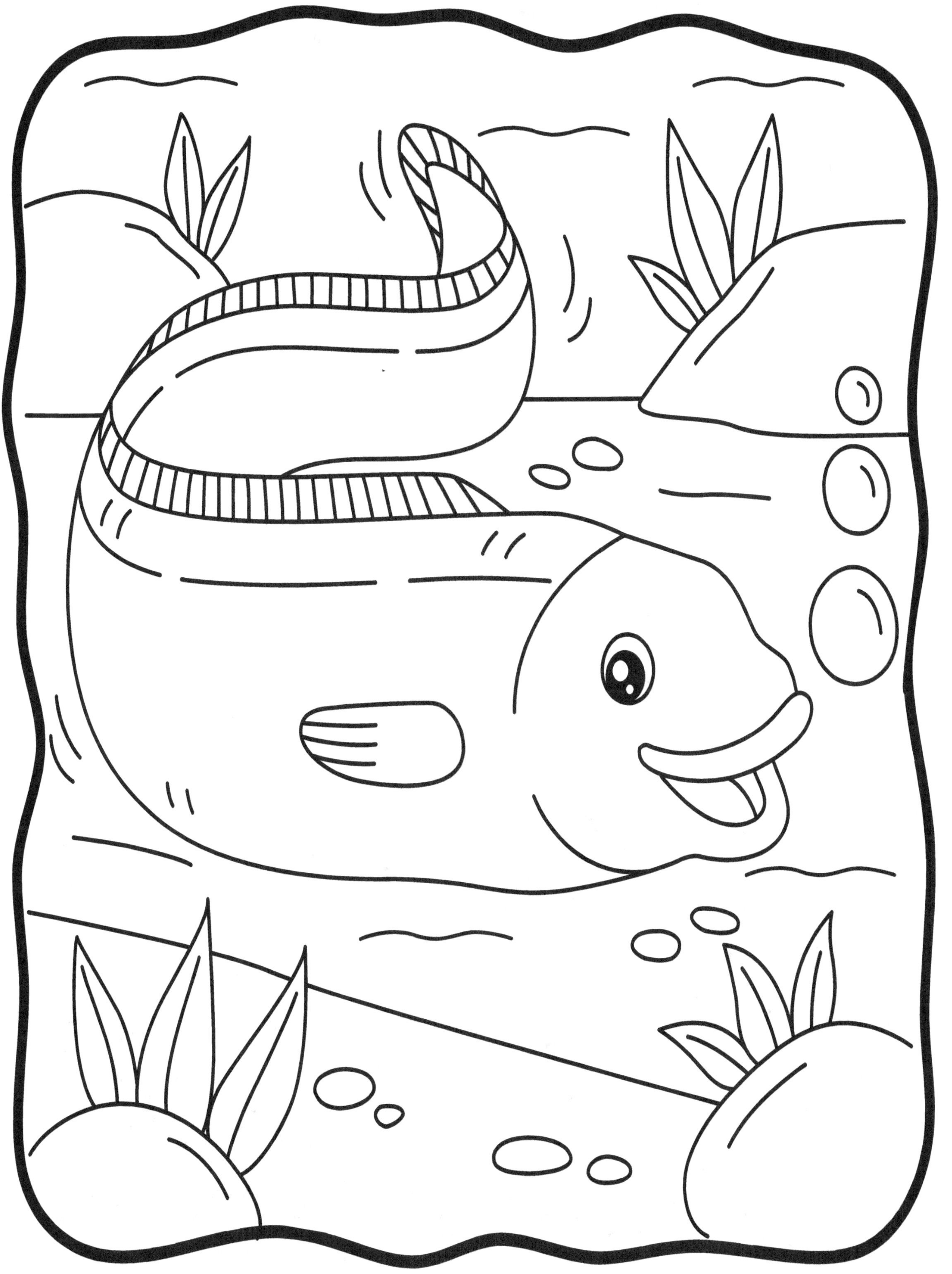

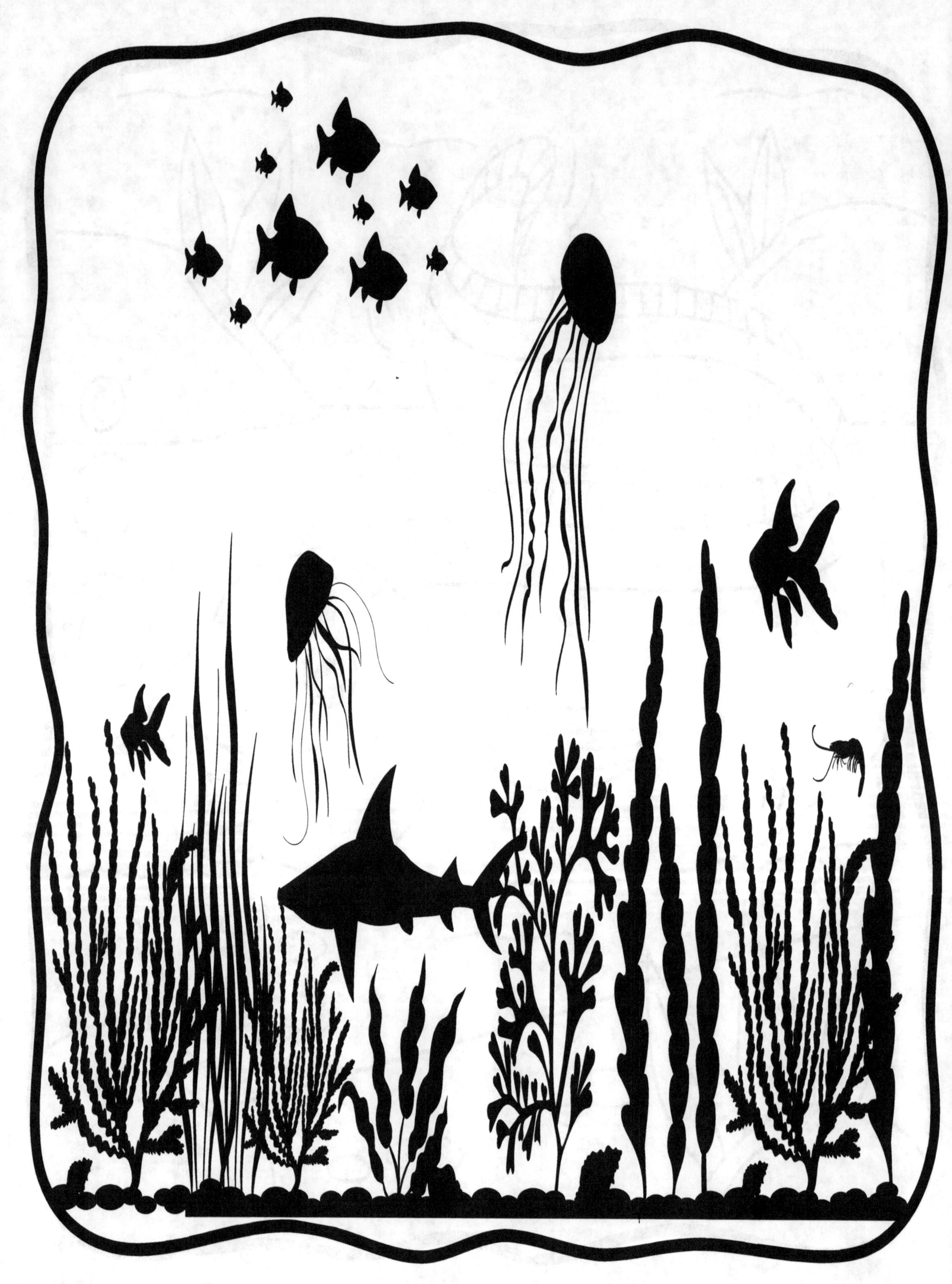

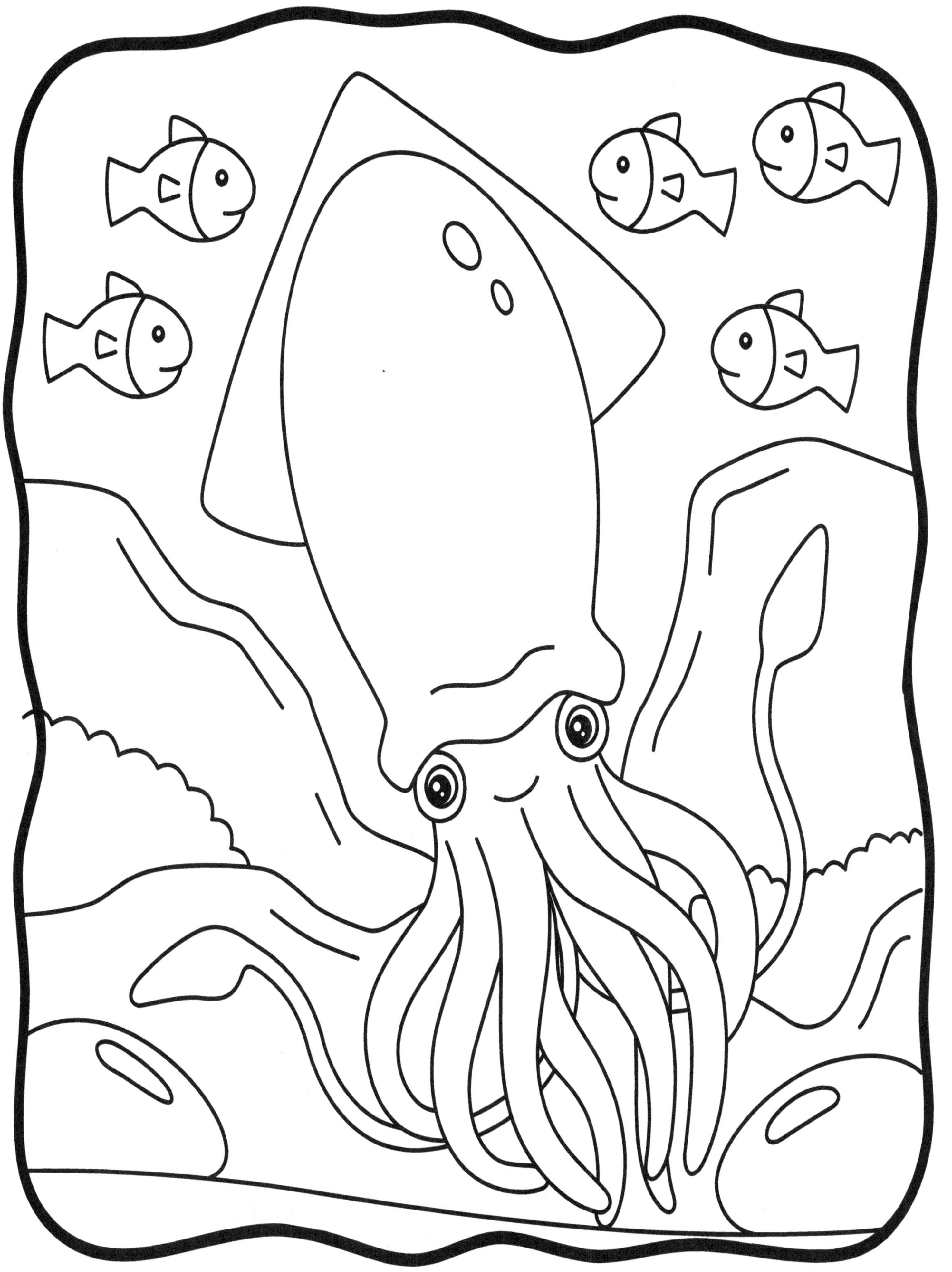

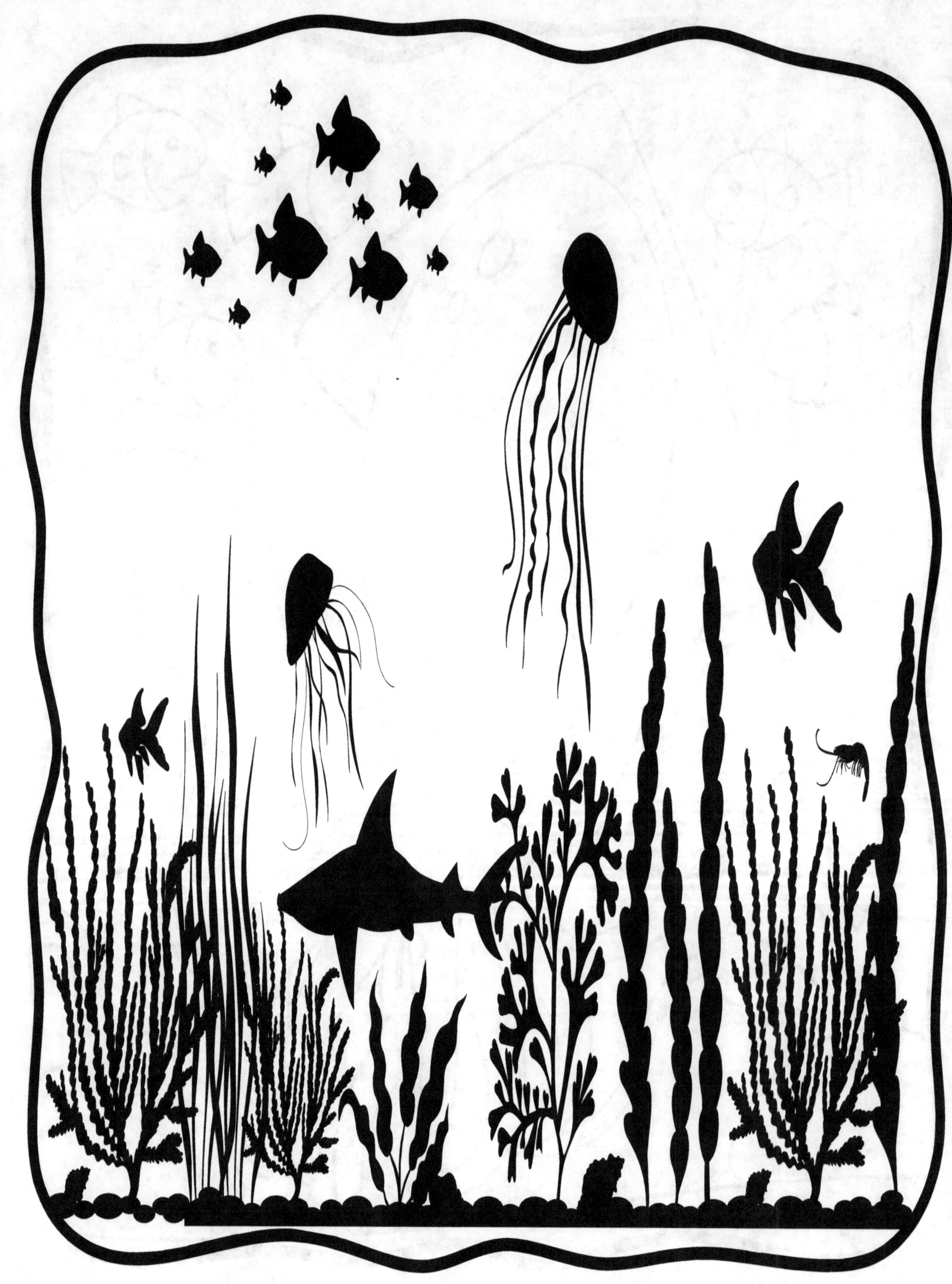

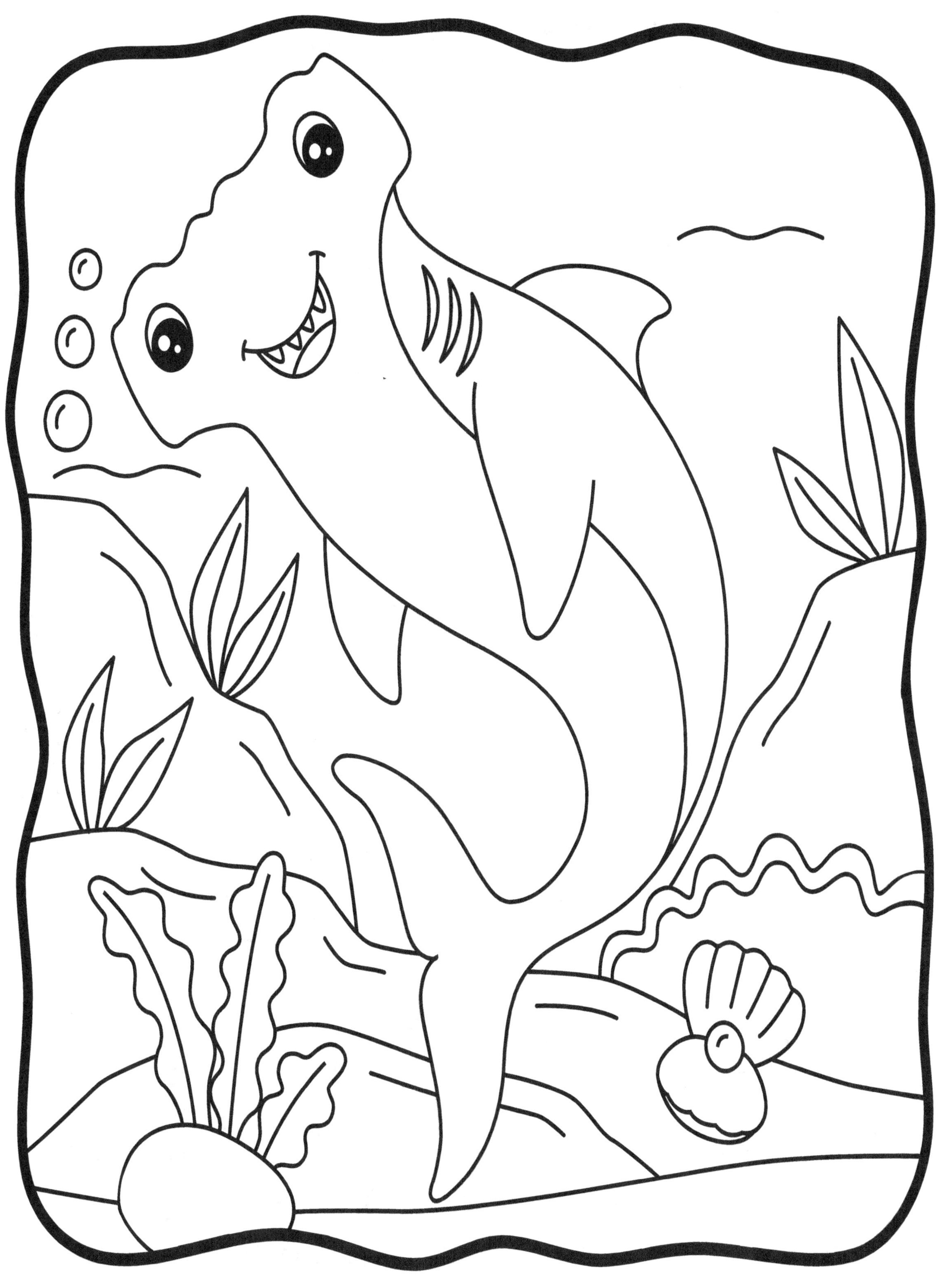

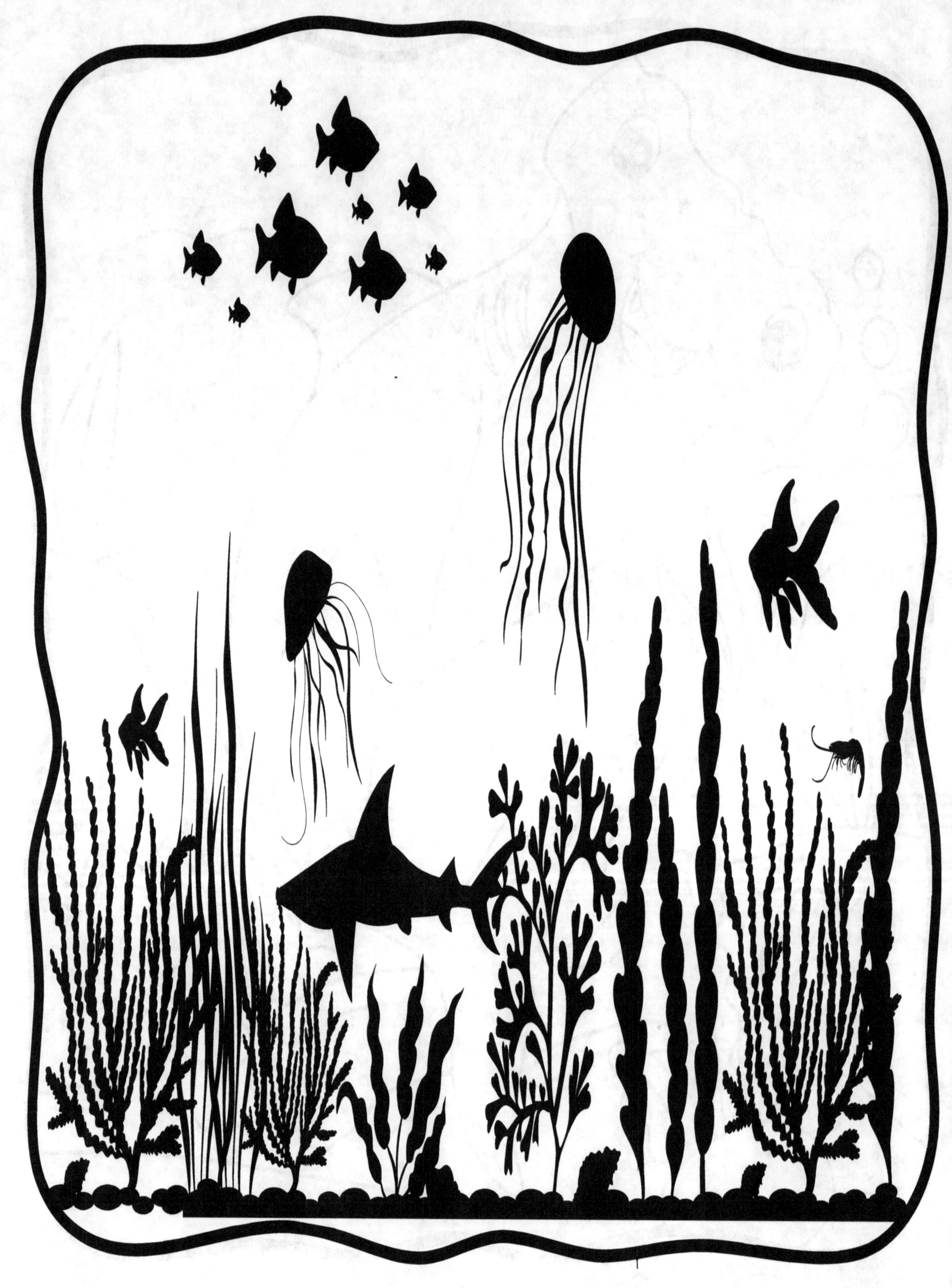

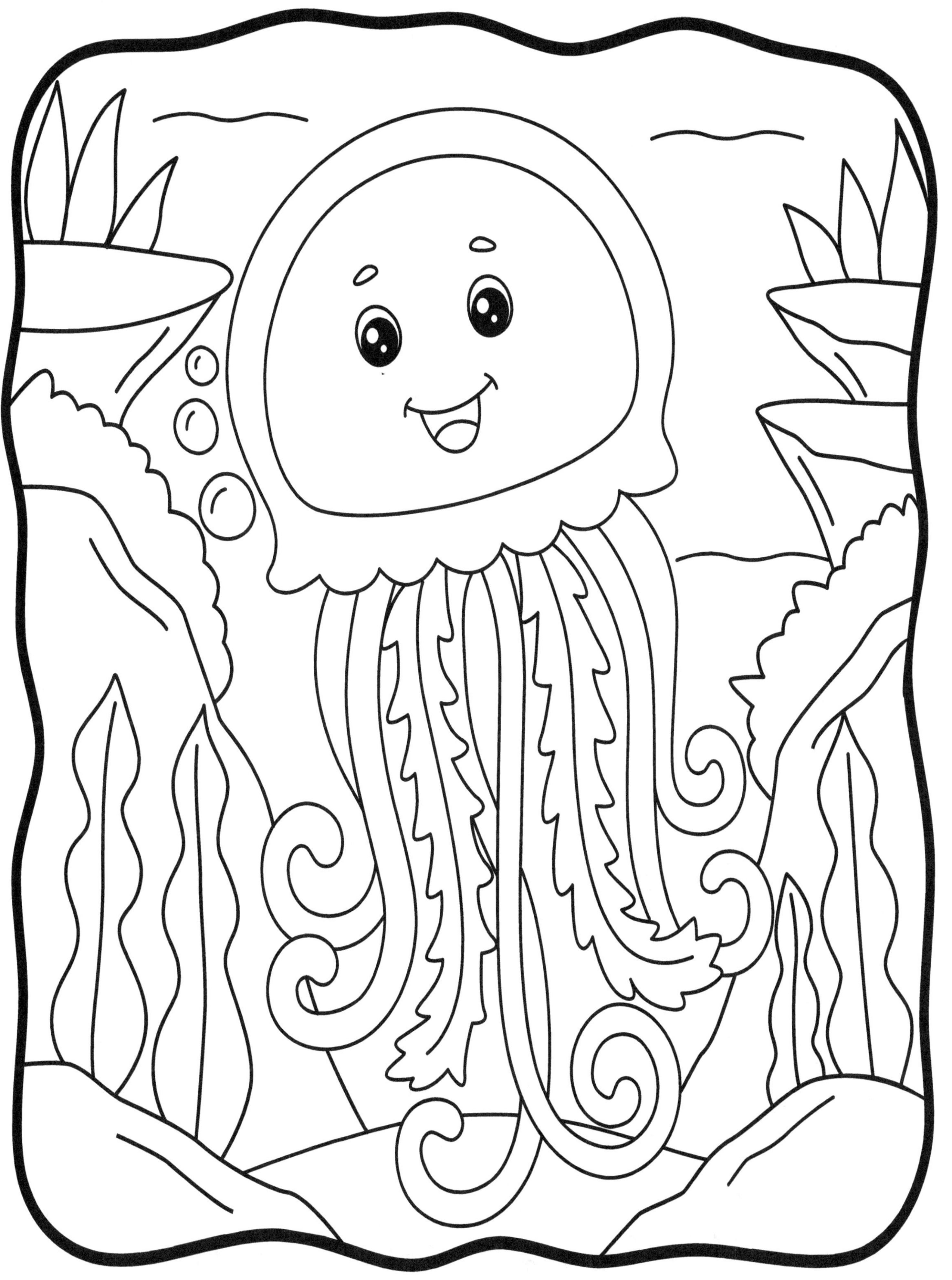

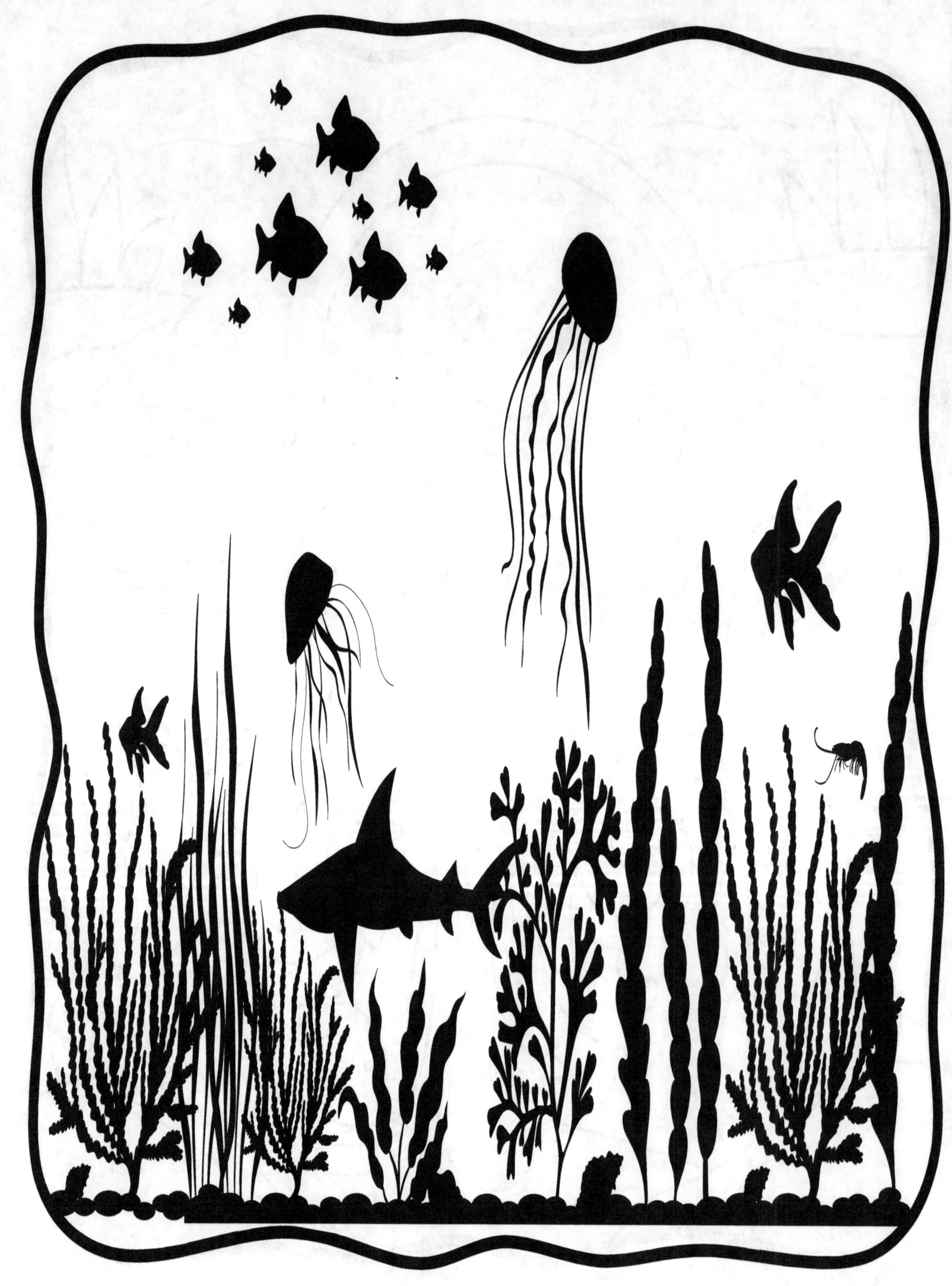

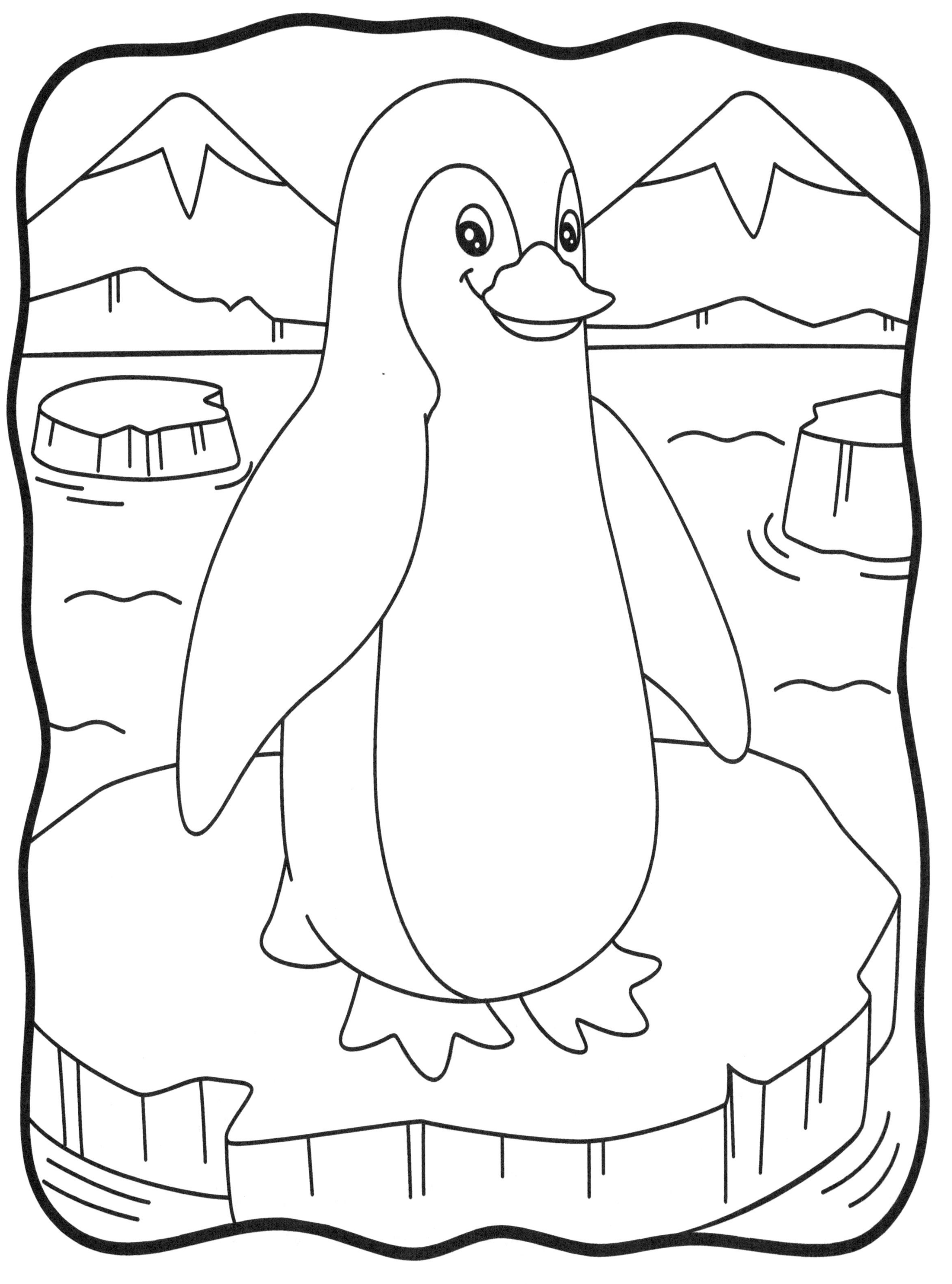

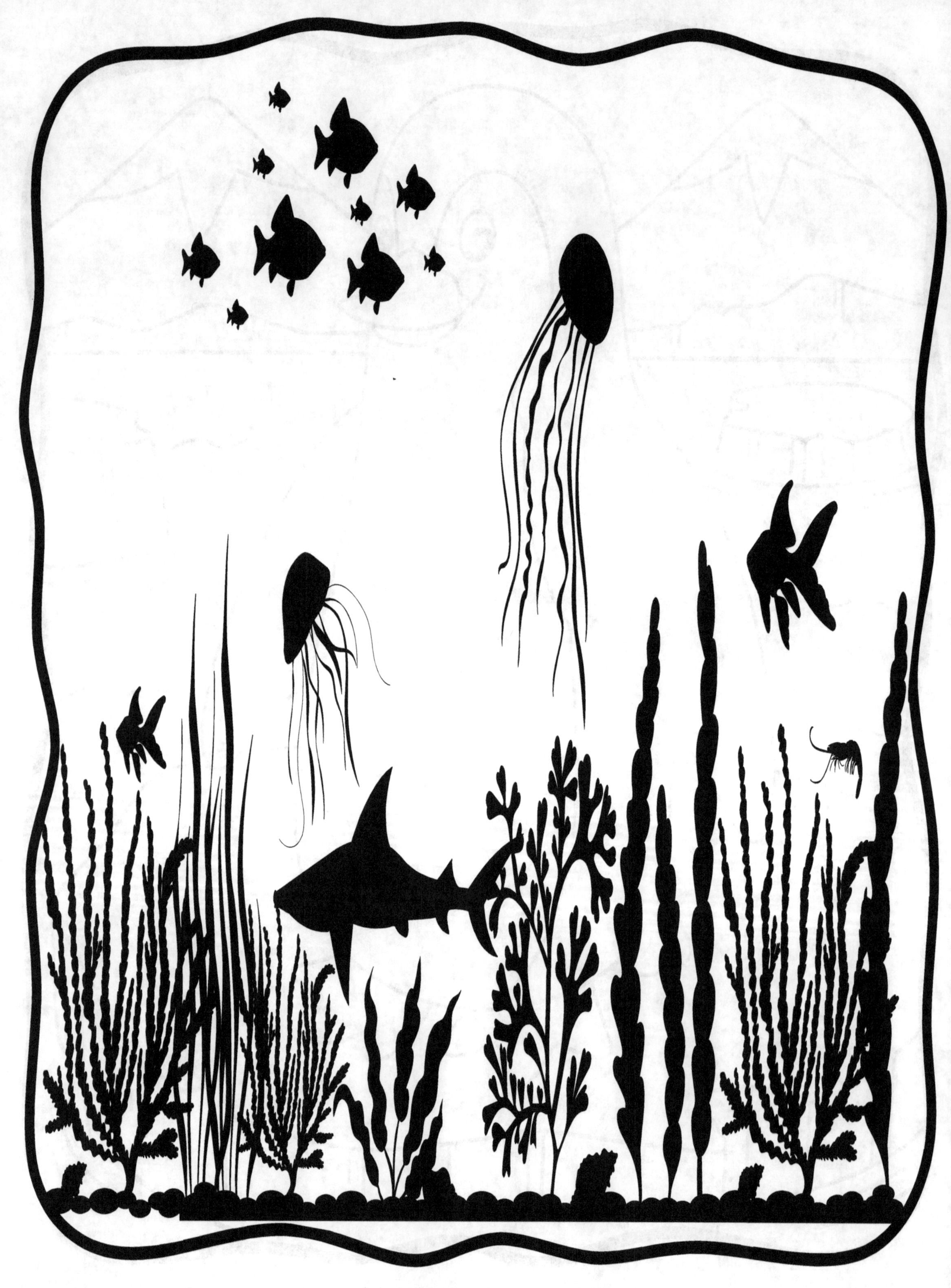

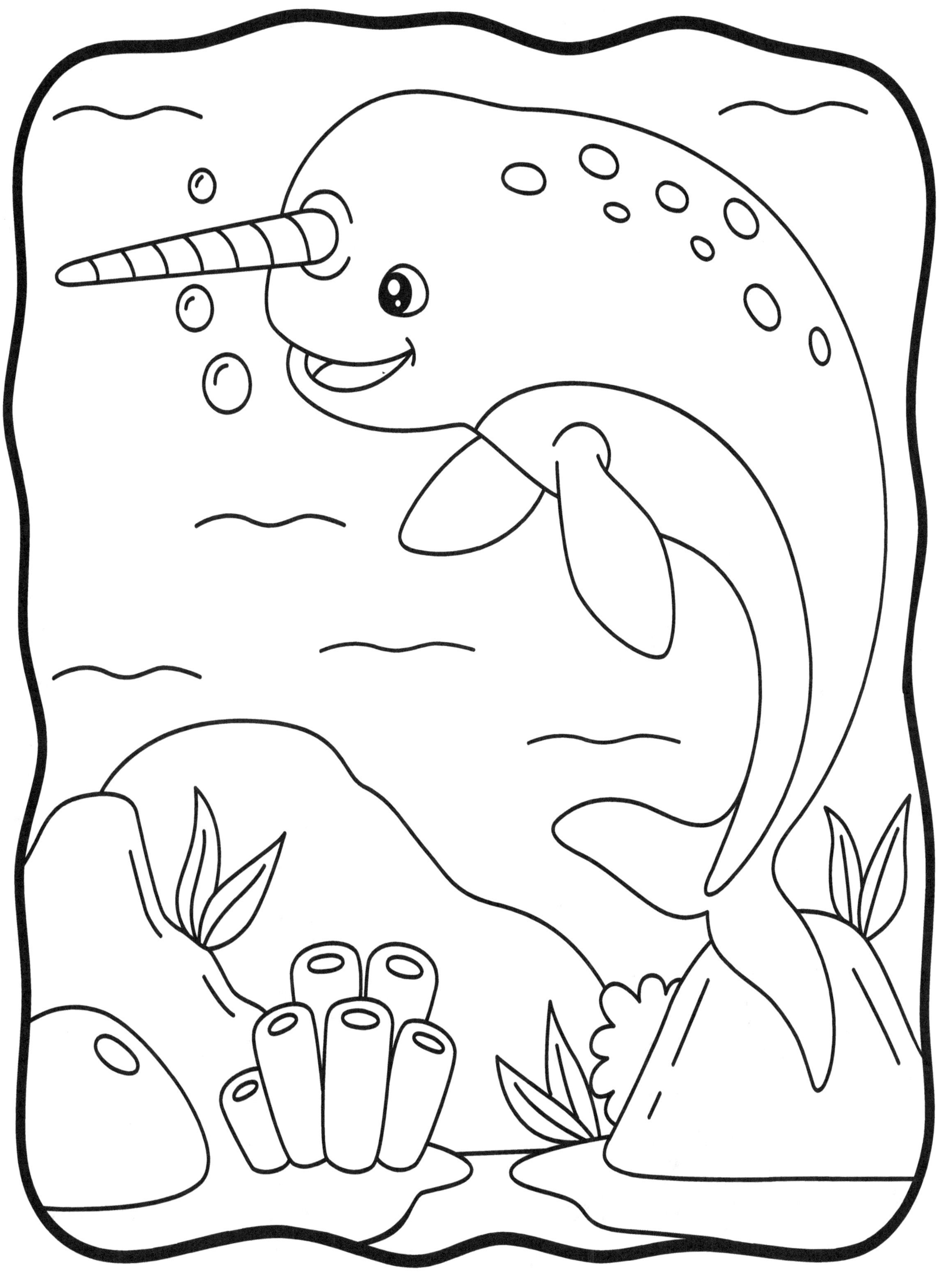

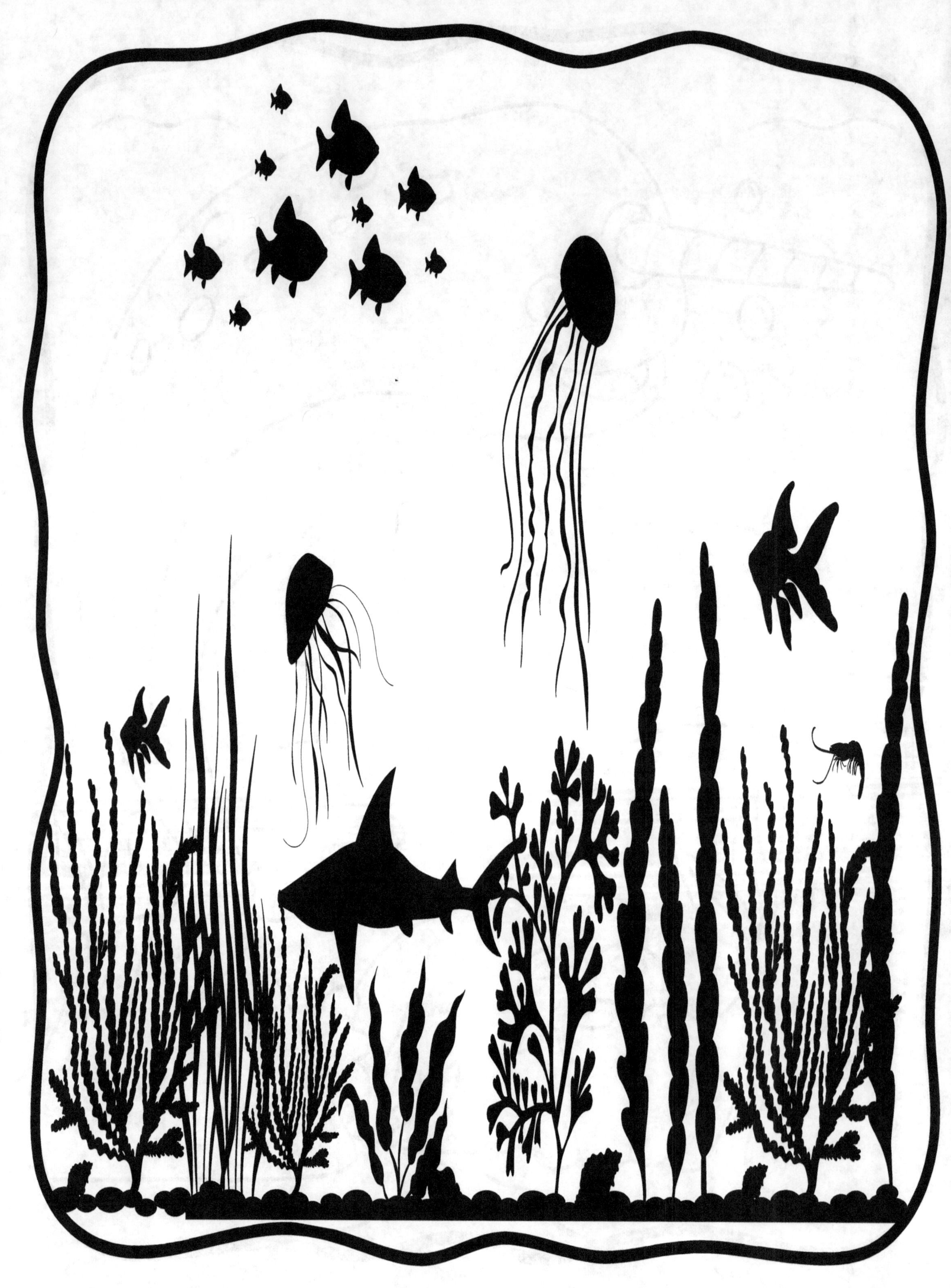

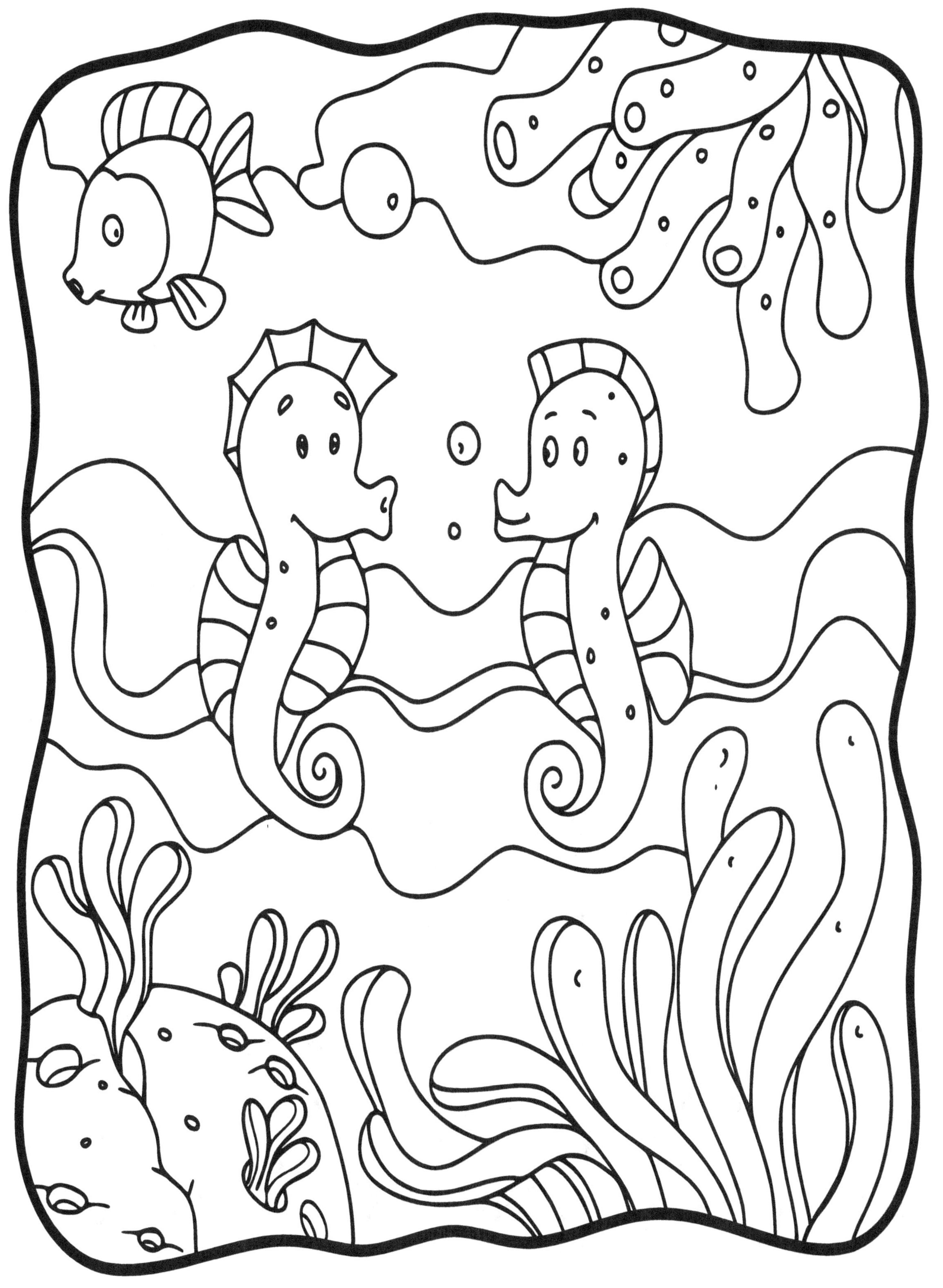

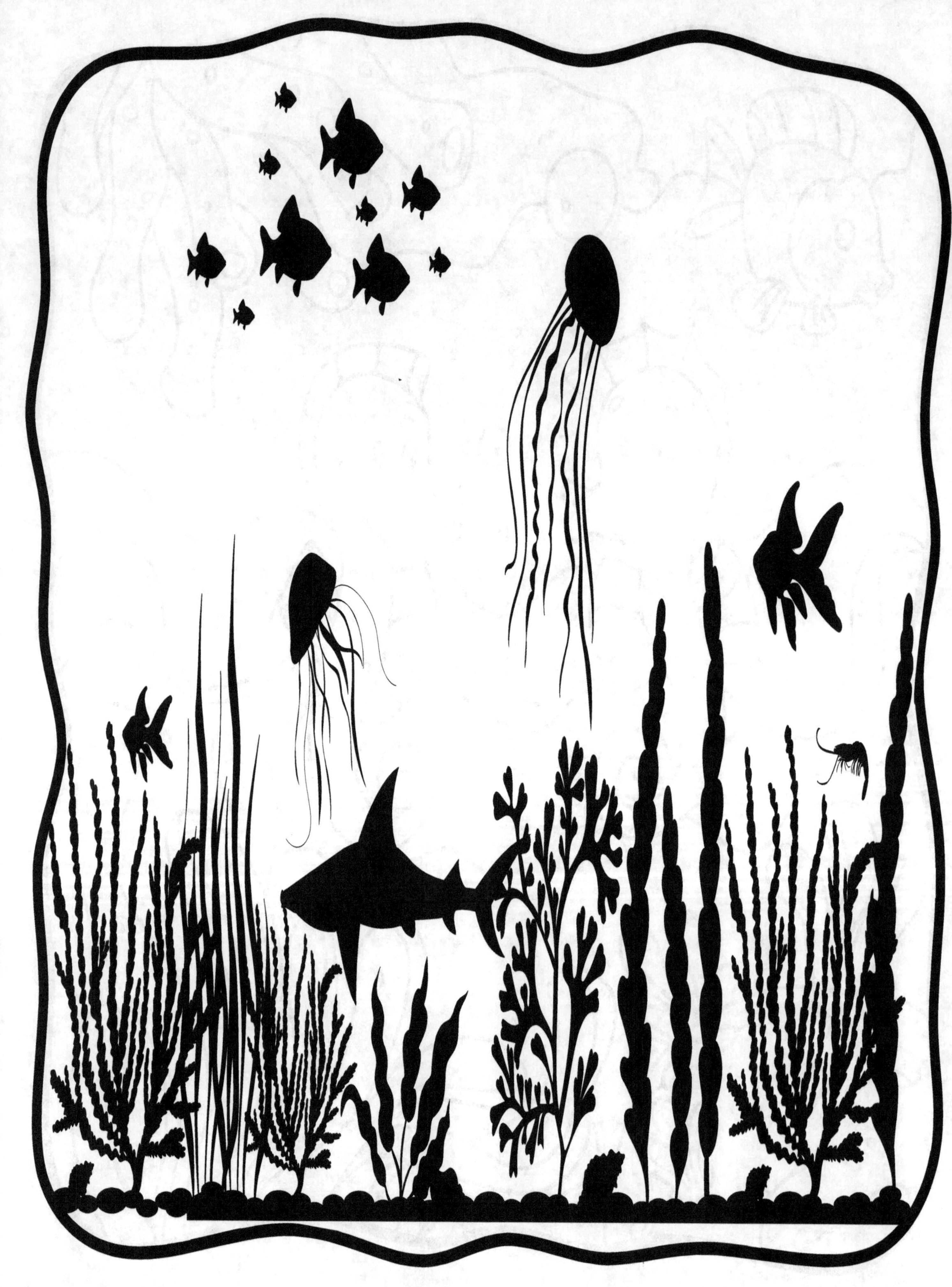

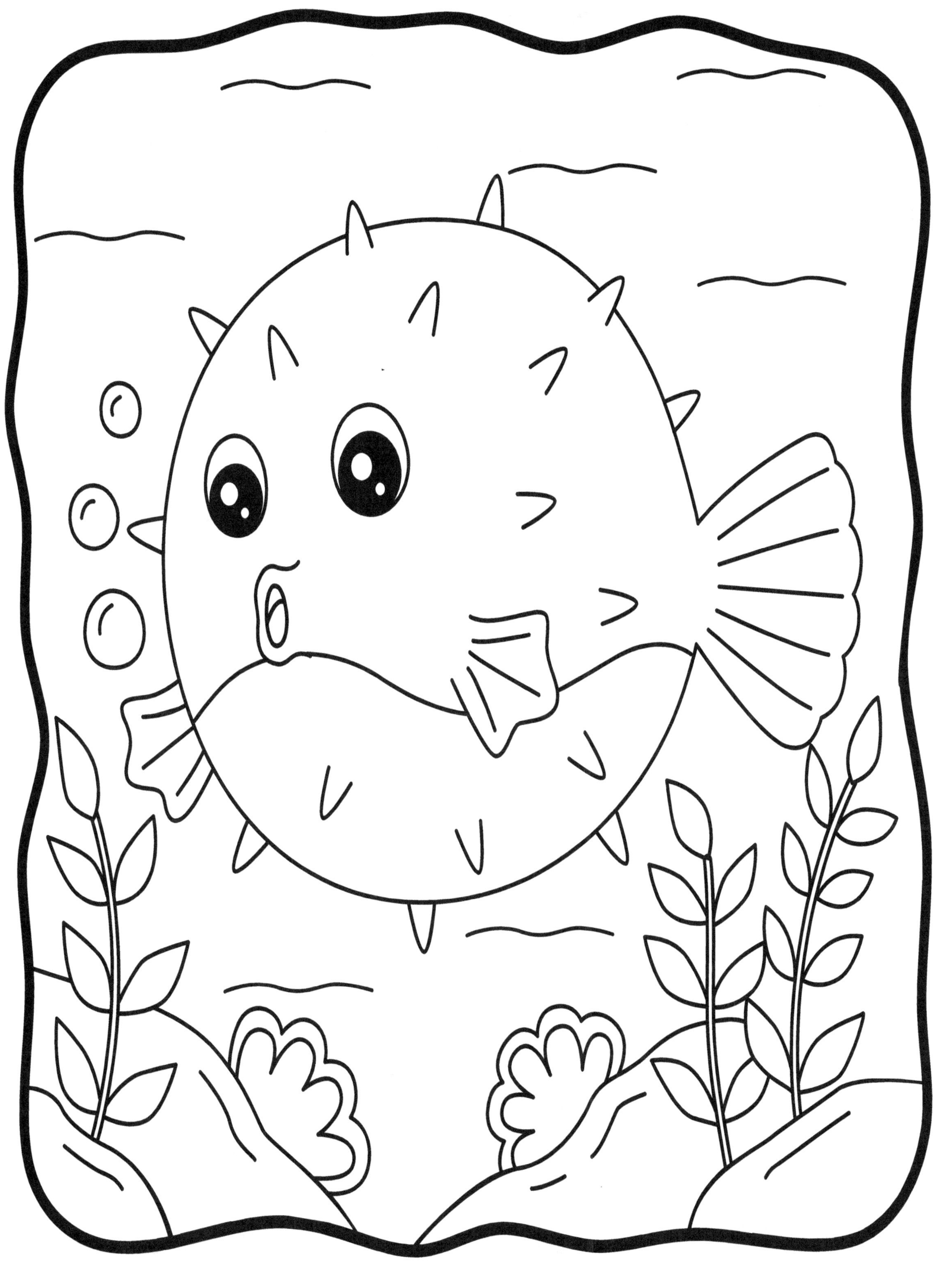

Cosa ne pensi del nostro prodotto?

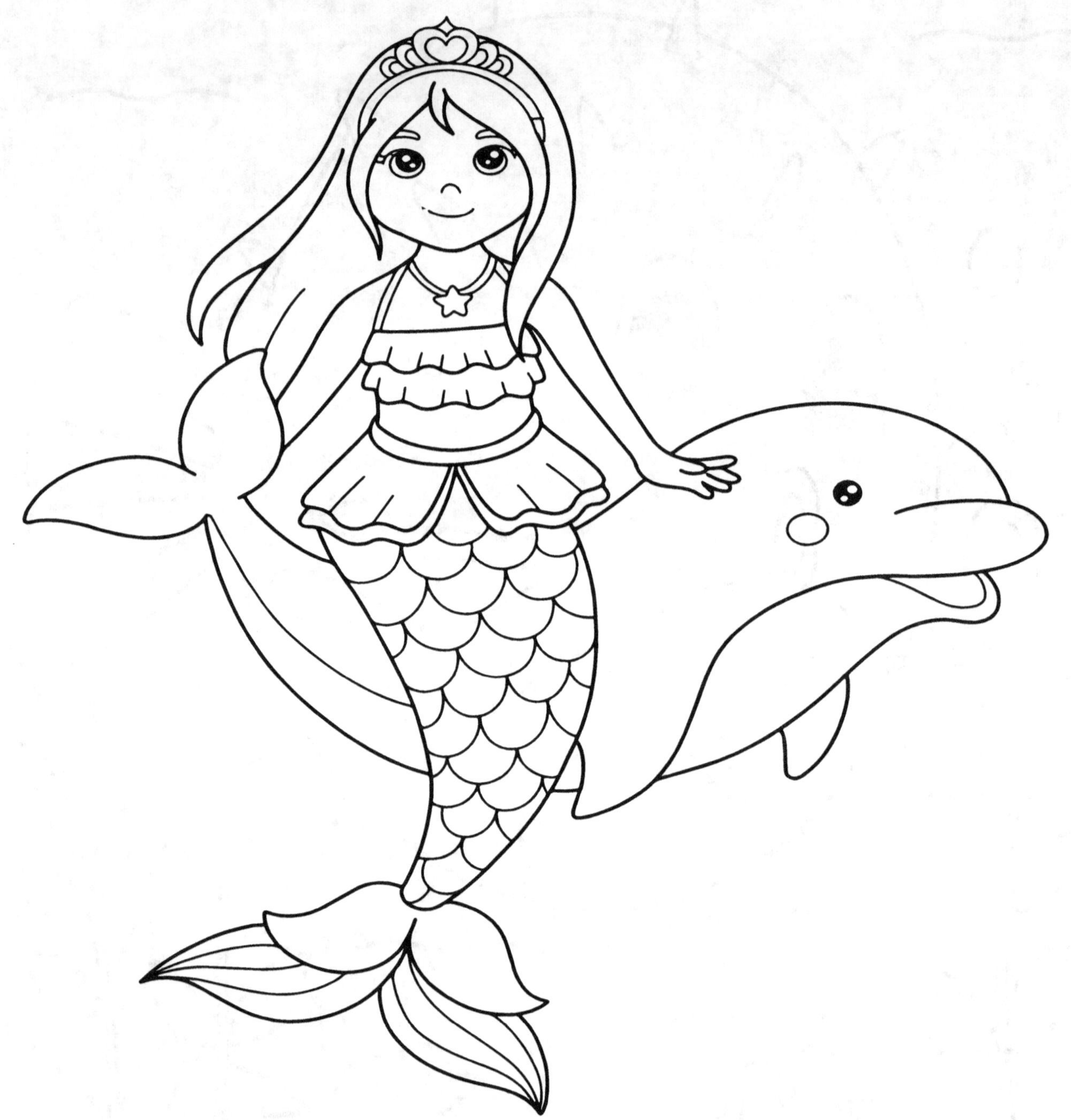

Non aspettare e lascia il tuo feedback oggi

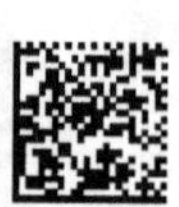